哈佛学

智趣游戏

逻辑推理

主　　编：博　尔

编委会主任：朱艳锋

编　　委：陆　爽　张丹丹　张亚娟　田晓明　徐　琰　栗克玲

重庆出版集团　重庆出版社

图书在版编目（CIP）数据

逻辑推理 / 博尔主编 . —重庆：重庆出版社 , 2014. 10 (2018.10重印)
ISBN 978-7-229-08788-3

Ⅰ .①逻… Ⅱ .①博… Ⅲ .①智力游戏 – 儿童读物 Ⅳ .① G898.2

中国版本图书馆 CIP 数据核字 (2014) 第 236193 号

逻辑推理

博尔 主编

出 版 人：罗小卫
责任编辑：侯孝军
装帧设计：文 利

 重庆出版集团
重庆出版社 出版、发行

重庆长江二路 205 号 邮政编码：400016 http://www.cqph.com
郑州瑞特彩印有限公司印刷
全国新华书店经销

开本：1000mm×710mm 1/16 印张：12 字数：116 千
2014 年 10 月第 1 版 2018年10月第2次印刷
ISBN 978-7-229-08788-3
定价：22.00 元

如发现质量问题，请与我们联系：（010）52464663

内容简介

亲爱的小朋友，你希望自己是个聪明的孩子吗？

或许在我们做了错事的时候，妈妈会"骂"我们是"笨孩子"，我们的学习成绩总是赶不上那些"聪明"的同学……

聪明不是天生的，聪明的同学都有使自己聪明的"秘密"，《哈佛学生喜欢玩的智趣游戏》希望能帮助你找到"使自己"聪明的"秘密"！

《逻辑推理》是《哈佛学生喜欢玩的智趣游戏》的第二部，包括"五彩生活"、"缤纷校园"、"警官判案"、"妙趣科学"、"数学推理"五个部分，它旨在通过展示一个又一个精彩的生活片段，使同学们了解生活，观察生活，以科学的态度解决问题。

在"五彩生活"篇里，同学们会发现生活中许多有趣的事情——只要你乐心参与，就能领略到平淡生活中的无数"乐趣"。

校园是我们成长的乐园，在"缤纷校园"里，同学们可以尽情地想、尽情地说、尽情地做，这里将给你提供一个自我展示的空间。

逻辑即规律，自然界中任何事物都有自己的规律，"警官判案"篇向你展示了一个又一个"谜团"，你能根据逻辑规律解开这些"谜团"吗？如果能，祝贺你，你的逻辑思维水平已经很高了！

科学的奥秘需要你来揭开，"妙趣科学"篇讲述的是身边的科学现象，为什么"纸也能包住火"，为什么"埃菲尔铁塔的塔身会倾斜"……你想解开这些科学的谜题吗？

有的同学可能会觉得学数学没有乐趣，在"数学推理"篇里，同学们将体会到数学与逻辑推理结合在一起的妙处，一起来挑战吧！

亲爱的同学，学习其实是一件充满乐趣的事情，只要你细心观察、认真思考，生活中处处有学问，《哈佛学生喜欢玩的智趣游戏》希望帮助同学们找到学习中的快乐！

目 录

你是左脑人还是右脑人

　　人的大脑分为左右两个脑半球，左脑主要从事逻辑思维，是分析、判断、抽象、概括的语言文字中枢，是"理性脑"；右脑主要从事形象思维、创造性思维，负责直觉、创造力，是艺术和经验学习的中枢，是"感性脑"。大脑左右两个半球各司其职又密切配合。

下面做一个简单的测试，看看你是左脑人还是右脑人吧！

1. 在一个陌生的城市逗留时，你和一群朋友去餐馆吃饭后却要独自回到住处

   A. 你会完全迷失方向　　　　　　B. 你很自然地找到回去的路
   C. 你记得住处在教堂右边的某处

2. 你的朋友跟你提起几个月或几年前共同经历的一个事件，你还记得

   A. 那天度过一段快乐时光　　　　B. 他或她当时的穿着打扮
   C. 他或她对你说的话

3. 在剧场里，你喜欢坐在

   A. 右侧　　　　　　B. 左侧　　　　　　C. 正中央

4. 赴约时，你会什么时候到达约会地点

   A. 提前很长时间　　　B. 提前几分钟　　　C. 经常迟到

5. 你在等一群朋友吃晚饭

   A. 你能够听出他们汽车发出的声音
   B. 你能够听出他们上楼梯的声音
   C. 他们敲门时你感到很惊讶

6. 在财务方面

A. 你知道自己的日常花销大概是多少
B. 你大体知道自己该花和不该花多少钱
C. 你总是透支

7. 在幽默感方面

A. 你喜欢喜剧演员和幽默的情景　　　B. 你欣赏对白中的文字游戏
C. 你经常会讲好玩的笑话

8. 在直觉方面

A. 你完全相信自己的直觉　　　B. 你不相信第一印象
C. 你不作主观判断

9. 在音乐方面

A. 根据节拍你就可以找到熟悉的曲调　　　B. 你的乐感很好
C. 你并不爱好音乐

10. 一位邻居在楼梯上和你打招呼

A. 你不记得他是谁了　　　B. 你觉得以前从未见过他
C. 他是4楼的新房客

每道题目的选项都由不同的符号来代表：

1. A—+； B—×； C—÷；　　2. A—÷； B—×； C—+；
3. A—+； B—×； C—÷；　　4. A—+； B—÷； C—×；
5. A—×； B—÷； C—+；　　6. A—+； B—÷； C—×；
7. A—×； B—+； C—÷；　　8. A—×； B—+； C—÷；
9. A—÷； B—×； C—+；　　10. A—÷； B—+； C—×；

数一数不同符号的数目：

+最多：你是左脑人，是分解和分析问题，对信息进行顺序处理和口头沟通方面的专家。

×最多：你是右脑人，对一切都怀有兴趣，富有创造性、直觉敏锐，对于音乐有深刻的理解，富有想象力。

÷最多：你在这次测试中没有表现出特别的倾向性，你能够合理利用两个脑半球的能力，使其互相补充。

五彩生活篇

001. 不同的职业和爱好

贝拉、朵西和简是三个好朋友，她们三个从事不同的职业，又各有不同的爱好。三人的职业为教师、记者、节目主持人，三人的爱好是摄影、写作和画画，人们也常称呼她们为摄影家、作家和画家。此外，下面是符合她们情况的事实：

①画家和记者住得比较近。

②作家、摄影家常常和贝拉一起去看电影。

③画家的女儿和节目主持人的儿子是同学。

④简常拜读作家的大作。

⑤摄影家常到记者家喝茶。

根据以上情况，请说出三人各是什么职业，各有什么爱好。

002. 诚实的孩子

有一个名叫杰夫的小男孩，非常诚实，从来不讲谎话。一天，伙伴波特想要捉弄杰夫，他把杰夫找来说："麻烦你回家后对住在你家对面的汤姆说，我明天中午去找他玩。"杰夫答应下来，很快就回去帮他传了话。这个伙伴得意地对另一个同伴说："我明天中午不去找汤姆，这样一来，杰夫就撒谎了，我们就可以嘲笑他了，哈哈。"

可是，事情却出乎他的意料，虽然他没有在第二天去找汤姆，但杰夫仍然没有撒谎。请你想一想，杰夫是怎样对汤姆说的呢？

003. 拿多少次

　　杰克有一盒子彩色玻璃球，这些玻璃球共有红、黄、蓝、绿4种颜色，并且每种玻璃球各有20个。一天，杰克对弟弟艾里说："如果让你闭上眼睛从我的盒子里往外拿球，每次只能拿一个小球，那么至少拿多少次才能保证拿出的小球有3个是同一颜色的呢？假如你答上这个问题，我就把我的玻璃球分你一半。"艾里想了想，很快就从哥哥的手里赢得了球。你知道答案是什么吗？

004. 握手的先生

　　A、B、C、D、E、F 6位先生共同参加一个会议。按照礼节，见面时每两人都要握一次手。现在，A先生已握了5次手，B先生已握了4次手，C先生已握了3次手，D先生已握了2次手，E先生已握了1次手。根据此情况，F先生已握了多少次手？

005. 猜硬币

这是一个很简单的思维游戏。爸爸手里有三枚硬币，两个是1美元，一个是1美分。他对两个儿子说："我在你们口袋里各放一枚硬币，自己留下一枚。然后，你们摸摸自己口袋里的硬币，再猜猜对方口袋里是什么硬币。"说完，爸爸就把两枚硬币各自放进两个儿子的口袋里。

两个儿子摸到硬币后，都没有说话。过了一会儿，小儿子说道："我猜到了，哥哥口袋里的是1美元硬币。"他猜得很正确，你知道他是怎么猜到的吗？

006. 蝴蝶在哪里

玛丽和安娜想用她们刚捉的蝴蝶做标本，就把蝴蝶放在瓶子里。可玛丽数了数，还差一只大蝴蝶，就转身去花园再捉几只。

当她回来后，发现瓶子里那只最大的蝴蝶不见了。于是她就问安娜那只蝴蝶去哪儿了，安娜说："为了让它平整，我把它夹在了书的93和94页之间。"玛丽听了很生气，说："你撒谎，快把蝴蝶拿出来。"玛丽怎么知道安娜撒谎了呢？

007. 谁喜欢游泳

有两位男士,分别叫布莱恩和戴维。还有两位女士,分别叫爱丽丝和丹妮。他们四人都爱好运动,一位喜欢滑冰,一位喜欢棒球,一位喜欢网球,一位喜欢游泳。有一天,他们坐在一张方形桌子旁喝茶聊天。

①喜欢滑冰的人坐在爱丽丝的左边。

②喜欢网球的人坐在布莱恩的对面。

③丹尼和戴维相邻而坐。

④有一位女士坐在喜欢棒球的人的左边。

请问,谁是喜欢游泳的人呢?

008. 露营

甲、乙、丙、丁、戊、己6个人到野外露营,他们约定6天里每人负责一天的饮食。每人做饭的情况如下:

①如果甲在第一天做饭,那么丙在第四天做饭;如果甲不在第一天做饭,那么己也不在第五天做饭。

②乙在第二天或者第六天做饭。

③如果戊不在第三天做饭,那么甲就会在第三天做饭。

④如果乙在第二天做饭,那么戊应该在第五天做饭。

⑤如果甲在第四天做饭,那么丁在第五天做饭。

⑥如果己在第六天做饭,那么丁在第四天做饭。

根据以上情况,你能知道这6个人做饭的顺序是怎样的吗?

009. 善良的人

有A、B、C3位先生，他们各自有3个优点。

①两个人非常英俊，两个人非常幽默，两个人非常聪明，两个人非常沉稳，还有一个人非常善良。

②对于A来说，下面的说法是正确的：

【1】如果他非常幽默，那么他也非常英俊。

【2】如果他非常英俊，那么他不是非常聪明。

③对于乙来说，下面的说法是正确的：

【1】如果他非常幽默，那么他也非常聪明。

【2】如果他非常聪明，那么他也非常英俊。

④对于丙来说，下面的说法是正确的：

【1】如果他非常英俊，那么他也非常沉稳。

【2】如果他非常沉稳，那么他不是非常幽默。

请问：从上述情况中，你知道谁是非常善良的人吗？

010. 亲戚关系

有A、B、C、D、E5个人，他们之间存在错综复杂的亲属关系。

其中4个人每人讲了一个真实的情况：

①D是我妻子的妹妹。　　②A是我姐姐的丈夫。

③B是我哥哥的妻子。　　④C是我爸爸的兄弟。

上面提到的所有人都是五人中的一个（例如"B是我哥哥的妻子"，B和"哥哥"、"妻子"都是五人之一）。请问：上述4种情况各是谁说的？他们之间的关系又是怎样的呢？

011. 一家人的晚餐

爸爸领了薪水，带全家去附近餐厅吃晚饭。一家人齐聚在一张圆形的餐桌前，准备就座。奶奶先坐了下来，其他5个人都有各自的要求：

爷爷："我要坐在老伴旁边。"

妈妈："我要坐在儿子旁边。"

爸爸："我要坐在女儿旁边。"

儿子："我右边是爸爸或妹妹。"

根据上述所给条件，你能推断出他们一家人是怎么坐的吗？

012. 足球赛冠军

美国、德国、巴西、西班牙、英国、法国6个国家的球队进入了世界杯决赛。三个球迷对此次比赛进行了一番讨论：亚尔曼认为，冠军不是美国队就是德国队，西班牙队也有希望；鲍里斯认为冠军决不是巴西队，法国队也不可能夺冠；安德鲁则认为，西班牙队和法国队都不可能取得冠军。比赛结束后，三人发现他们中只有一个人的看法是对的。那么哪个国家获得了冠军呢？

013. 玛丽的生日

前几天是玛丽11岁的生日，由于她的父母比较忙，忘记了她的生日，玛丽特别伤心，忍不住哭了。她的朋友凯瑟琳安慰她说："今年的生日错过了不要紧，明年你生日时可以补上，何况明年你将13岁了，已经长大了，该学会体谅父母了，不是吗？"经朋友安慰，玛丽心里舒服多了。

那么，你能算算玛丽是哪一天的生日吗？她的朋友凯瑟琳是在哪天安慰她的？

014. 花瓶碎了

今天是杰克的生日，晚上他的小伙伴都来为他庆祝，可就在大家玩得正起兴的时候，桌子上的花瓶掉下来碎了。杰克的妈妈听到声音，从房间里奔出来，她看到碎了一地的花瓶，问："杰克，是你打碎的吗？"

杰克说："是波特打碎的。"

波特说："是安迪打碎的。"

吉姆说："不是我打碎的。"

安迪说："波特在说谎。"

这几个孩子中只有一人说了真话。你知道花瓶是谁打碎的吗？

015. 谁的年龄最大

马克、汉斯、路易斯和哈里特四人正在进行男子双打羽毛球比赛，他们的年龄各不相同，情况如下：

①汉斯比马克年龄大一些。

②路易斯比他的两个对手年龄都大。

③马克比他的同伴年龄大。

④汉斯和马克的年龄差比路易斯和哈里特的年龄差要大。

请问：这四人中谁和谁是队友，谁的年龄最大？

016. 新婚夫妇

昨天是简妮与贝克结婚大喜之日，为了热闹，同事们把许多女同事也打扮成新娘的样子。现在假新娘和真新娘站成一排，一共是6个人，新郎贝克要从中选出他的新娘。已知，几个人所站的位置是下面这样的情况：

①薇安在莎莉的左边；

②莎莉在茜茜右边的第三个；

③茜茜在苏菲的右边，但不一定是紧挨着；

④苏菲紧靠着露丝；

⑤露丝和薇安之间站了一个男同事。

上面5种情况中，都没有提到新娘简妮。

请问：在这6个人中，新娘简妮站在了哪里？

017. 偷吃食品的孩子

琼买了一些营养食品准备去看望一个朋友，谁知，这些食品被她的儿子偷吃了，但她不知道是哪个儿子吃的。为此，琼非常生气，就盘问4个儿子谁偷吃了东西。

老大说："您认为是我吃的，妈妈？哦，是的，我是吃了，而且很好吃。"

老二说："大哥偷吃了，我看见了。"

老三说："反正我没偷吃，二哥也没有。"

老四说："我看到二哥也偷吃了。"

这4个儿子中只有一个人说了谎话，其他3个都说的是实话。

那么，到底是谁偷吃了这些食品，谁又在撒谎呢？撒谎和偷吃食品的会是同一个人吗？

018. 三对夫妇

尤斯曼夫妇、史密斯夫妇、亚当夫妇是很好的邻居，他们那儿拆迁后，他们又搬进同一栋有6层高的新楼里。尤斯曼夫妇选择了顶层，史密斯夫妇和亚当夫妇在尤斯曼夫妇的下两层的其中一层（四、五层）。约翰跟史密斯夫妇走得比较近；汤姆每晚下班都要去维尼家坐坐；玛丽每天午休前都要到楼上去看看亚当夫妇；露西也爱到亚当夫妇家闲聊，还喜欢将楼下的莉莉叫上。

根据上述条件，你能推断出三对夫妇的姓、名以及所住的楼层吗？

019. 三姐妹

珍妮、玛莎、薇薇安三人去超市买东西，她们各自都买了不同的东西。下面是她们的对话，每个人说的话有一半是真的，有一半是假的。

珍妮说："玛莎买的不是洗发水，薇薇安买的不是饮料。"

玛莎说："珍妮买的不是饮料，薇薇安买的不是纸。"

薇薇安说："珍妮买的不是零食，玛莎买的不是纸。"

你知道她们各自买的是什么吗？

020. 鞋子的颜色

黛安娜买了一双漂亮的鞋子，她的同学都没有见过这双鞋子，于是大家就开始猜测：

薇薇说："你买的鞋不会是红色的。"

苏美尔说："你买的鞋子不是黄的就是黑的。"

莫妮说："你买的鞋子一定是黑色的。"

这3个人的看法至少有一种是正确的，至少有一种是错误的。

请问：黛安娜的鞋子到底是什么颜色的？

021. 圣诞节袜子

圣诞节前夕，孩子们都喜欢在床头挂一双袜子，以等待圣诞老人的礼物。莉莉、露西和海伦的妈妈为她们准备了3双长袜和两双短袜。睡觉前，妈妈将其中的3双袜子分别挂在了女儿们的床头。她们每人只能看到另外两个人的袜子，但看不到自己的。妈妈走后，她们三人说话了：

"海伦，你猜你的袜子是长的还是短的？"

"我知道，但我不说。

我还知道你们俩其中至少有一个人的袜子是短的。"

"露西呢？你的袜子是什么样的？"

"我猜不到。"

这时候，睡在最上面的莉莉却说："我知道我的袜子是什么样的了。"

露西和海伦都很惊讶，追问道："那你的袜子是长的还是短的？"

聪明的你，请根据上面的对话，告诉我们姐妹三人床头各挂了什么袜子吧。

022. 花的摆放

有红、黄、蓝、绿、紫、白6盆花摆成一排。已知：

①白色花没排在最后，且它和最后一盆之间还有两盆；

②紫色花不是最后一盆；

③在红色花的前面至少还有4盆花，但它并没有排在最后面；

④绿色花没有排在第一位，它前后至少都有两盆花；

⑤蓝色花没有排在最前面，也没有排在最后面。

根据上述条件，这6盆花的摆放顺序是怎样的呢？

023. 乒乓球冠军

甲、乙、丙、丁四人进行乒乓球比赛，四个人都是高手，经过激烈厮杀，最终决出胜负。但是外人并不知道结果，于是纷纷猜测。

普丽猜测："丁是冠军。"

麦迪猜测："甲很可能获得的是第四名。"

艾克猜测："乙不是第二名，也不是第四名。"

汉瑞森猜测："丙的名次应该在乙之上。"

实际上，他们有三人猜的是对的，只有一个人猜错了。那到底谁是这场比赛的最终冠军呢？你得出正确结论了吗？

024. 买玩具

约翰、巴特、贝克三人都很喜欢玩具，也很喜欢收藏玩具。放学后他们一起来到一家玩具店，买的不是坦克就是手枪。

现有下面几种情况：

①如果约翰买的是坦克，那么巴特买的就是手枪；

②如果约翰和贝克要买坦克，就不会都买手枪；

③巴特和贝克不会两个人都买手枪。

根据上述条件，你知道谁只买了坦克吗？

025. 星期几

家里没电视、没日历、没闹钟。一天早上起床后，几个兄弟姐妹都没有去上学，他们想知道今天到底是周几了。

玛丽说："我知道后天是周三。"

莫妮卡说："不对吧，今天应该是周三啊。"

安迪说："你们说的都不对，明天是周三。"

贝克说："今天既不是周一，也不是周二，更不是周三。"

彼得说："我确定昨天是周四。"

珍妮说："不对，明天才是周四。"

波比说："不管怎样，昨天不是周六。"

根据上述对话，你能推断出今天到底是周几吗？

026.酸奶

赫拉太太从冰箱里拿出来3袋酸奶给她的3个儿子古特、多伊格、迪南喝，酸奶分别是柠檬味的、橙子味的和蓝莓味的。根据下面3人说的话，你能推断3位小朋友各拿到什么味的酸奶吗？

古特说："我的不是草莓味的。"

多伊格说："我的不是橙子味的。"

迪南说："妈妈没把柠檬味和草莓味的分给我。"

027.发卡

约翰太太有两个女儿萨拉和伊丝。这天，约翰太太经过商店的时候买了两个红的和一个黄的发卡，回到家后姐妹俩都特别喜欢，所以她们都想要两个。于是约翰太太叫她们背对着背坐下，她给姐姐萨拉塞了个红的，给妹妹伊丝塞了个黄的，把剩下的一个发卡藏在自己背后。约翰太太让她们猜剩下的这个发卡是什么颜色的，谁猜对了就把发卡给谁。那么，谁一定能猜对呢？

028. 不真不假的话

从前，有个古怪的农场主，他让手下的仆人们每人说一句不真不假的话给他听，并说："如果你们说的是只真不假的话，那就罚10个金币；如果说的是只假不真的话，那就罚20个金币。"仆人们轮流来说，但都达不到农场主的要求，都被罚了钱。

到了最后，就剩下一个年轻的仆人。这个仆人走上前不慌不忙地说了一句话，竟真的是不真也不假。农场主非常高兴，立即赏了他。那么，这个仆人到底说的是什么呢？

029. 老人与卡子

在一个养老院里，老人们每天就是聊天、下棋。这天，护士爱伦想让老人们玩个新游戏，她看了一下有波卡、哈利、约翰、马莉、麦克、黛西和蓓

丝，一共7位老人，便拿来4枚金色的卡子、3枚银色的卡子。爱伦让老人们坐成一个六边形形状，麦克坐在中间，要求他闭上眼睛。然后，爱伦把卡子分别卡在7个人的头上，由于麦克坐在正中间，所以其他老人都看不见正对面的老人的卡子颜色。

现在，让7位老人猜自己头上卡子的颜色。当周围的6个人都陷入沉思的时候，在中间的麦克猜到了，说："我的卡子是金色的。"你知道麦克是如何推理的吗？

030. 数字卡

3个小朋友各拿着一张数字卡片，每个人的数字都不一样。

具体提示是这样的：

①多尔塔的卡片数字比6大比9小。

②卡斯基的卡片数字比5大比8小。

③卢比的卡片数字比5大比7小。

你知道他们3人卡片上的数字各是多少吗？

031. 输的原因

在一栋大楼的大厅前，杰克和他聪明的小女儿相遇，女儿说："爸爸你要去哪儿啊？"杰克说："我把笔记本忘在地下4楼了，正要去取，你呢？"女儿说："我也是啊，我的包忘在4楼了。那我们比赛吧，不乘电梯，看谁先回到这里。""好吧。"杰克回答。于是两个人同时奔向楼梯口，杰克忽然说："糟了，我肯定输了。"你知道为什么吗？

032. 正确的选择

有一期电视节目，类似于智勇大冲关。在冲关过程中，经过一道门的时候，有两个选择，同时还有两个"智慧老人"在中途进行提示，但问题是，一个老人很诚实，一个从不说真话。冲关者只能问其中一个老人一个问题。罗博特随意选择了一个老人，并且按要求只问了一个问题就进入了下一关。你能猜到他问了一个什么问题吗？

033. 运动器材

博塔、布朗和卡索三人每天都去运动器材店，他们每人要的不是足球就是篮球。

①如果博塔要的是足球，那么布朗要的就是篮球；

②博塔或卡索要的是足球，但是不会两人都要足球；

③布朗和卡索不会两人都要篮球。

谁昨天要的是足球，今天要的是篮球？

034. 谁买了什么

奥布里、贝格曼、布拉格3个人一起去商场里买东西。她们都买了各自需要的东西，而且每个人买的东西各不相同。

奥布里说："贝格曼买的不是裤子，布拉格买的不是袜子。"

贝格曼说："奥布里买的不是袜子，布拉格买的不是运动鞋。"

布拉格说："奥布里买的不是围巾，贝格曼买的不是运动鞋。"

他们3个人，每个人说的话都是有一半是真的，一半是假的。那么，他们分别买了什么东西？

035. "埃利"留学

一位英国贵夫人把自己的爱犬埃利送到法国进行专门训练，想把它培育成世界第一流的名犬。训练完毕，埃利回到夫人身边，却听不懂主人的任何一句话，更不要说什么技巧动作。

可是，从法国动物园的来信中清楚地写着："只要主人吩咐，动作大体上都能做得出来。"真是怪事，到底为什么呢？已知动物园的人并没有撒谎。

036. 会模仿的猴子

在一个动物园里，有一只猴子专爱模仿人的动作。人们用各种鬼脸和姿势逗它，它都能立刻模仿得惟妙惟肖，姿态和手势都和人的一模一样。

但是有一个简单的动作它却永远也不会。其实，对于这个动作，要想立刻看到并马上模仿，这不仅是猴子办不到，人恐怕也不能办到。你知道到底是什么动作吗？

037. 令人迷惑的日期

A、B两个国家非常奇怪，A国家的人在星期一、星期二、星期三说谎，B国家的人在星期二、星期四、星期六说谎。在其他日子，他们都说实话。有一天，迪南来到这两个国家的交界处，想询问日期，见到了两个人。问了之后，两人都说："前天是我说谎的日子。"而恰好这两个人一个来自A国，另一个来自B国。你知道这一天是星期几吗？

038. 叛徒

在一次事变中，黑手党里出现了5个叛徒。黑手党教父十分生气，他让手下人给这5个叛徒编号，并让他们在装有100颗珍珠的盒子里抓珍珠，规定每人至少抓一颗，而抓的最多和最少的人都要受重罚，他们在抓的时候可以摸出剩下的珍珠数。那么，这几个叛徒中不会受罚的能有几个人？提示：一、他们都是很聪明的人；二、100颗不必都分完；三、所有重复的情况，则也算最大或最小，一并受罚。

039. 谁并非有钱

娜塔莉、费雯丽和艾玛3位女性的特点符合下面的条件：

①恰有两位学识渊博，恰有两位十分善良，恰有两位温柔，恰有两位有钱；

②每位女性的特点不能超过3个；

③对于娜塔莉来说，如果她学识渊博，那么她也有钱；

④对于费雯丽和艾玛来说，如果她十分善良，那么她也温柔；

⑤对于娜塔莉和艾玛来说，如果她有钱，那么她也温柔。

根据以上情况，请推测哪一位女性并非有钱。（提示：先判定哪几位女性温柔。）

19

040. 蛋糕里的礼物

　　一个蛋糕店的老板为了使他们的蛋糕更有创意，给顾客更多的惊喜，就让两个糕点师傅在每一个蛋糕侧面都写上字。蛋糕师瑞安每做完一个蛋糕就在外侧写上一句或几句假话；而彼德每做完一个蛋糕就在外侧写上一句或几句真话。

　　苏蒂生日时，为了让她的生日宴会惊喜不断，她的父母就给她订了一个奶油蛋糕、一个水果蛋糕。已知，任意一个蛋糕都是瑞安或者彼德做的，并且在其中一个蛋糕里放着苏蒂父母送她的礼物。两个蛋糕上分别写的字是——奶油蛋糕："礼物不在这个蛋糕中。"水果蛋糕："这两个蛋糕恰好有一个是瑞安做的。"

　　请问，礼物在哪个蛋糕中？

041. 裤子的价格

　　在一个服饰店里，两个好朋友去买衣服，6件衣服的价位分别是30元，32元，36元，38元，40元，60元。其中5件是上衣，一件是裤子。这两个好朋友中，李女士一个人买走了两件上衣，而王女士所买的上衣的价格总和是她朋友所买的衣服价格总和的两倍。

　　请问，裤子的价格是多少？

042. 她们来自哪里

　　王霞、李丽、苏笑都是来到美国的中国移民，她们分别来自中国的北京、湖南和广东，现在的职业分别是画家、美容顾问和医生。

　　下面的条件符合她们的情况：

①王霞不是北京人，李丽不是湖南人。

②北京的那位不是医生。

③湖南的那位是画家。

④李丽不是美容顾问。

聪明的你，知道她们3位各来自哪里，是什么身份吗？

043. 上街的时间

　　卢比在一个股份公司工作。一天，他带了100元去街上，到了晚上带了1500元回到家。已知：他在服饰店买了一套衣服，又在宠物店给他的宠物狗买了一些狗粮，然后去理发店剪了头发。他的工资在每个星期四打到卡上。银行在这个时候只是周二、周五以及周六营业，理发店每个周六休息，而宠物店在周四以及周五不营业。

　　你能否根据上面所说的情况，判断出卢比星期几去街上的吗？

044. 星期几之谜

　　朱莉和菲亚两姐妹都想要玩电脑游戏，但电脑只有一台，因此二人商定每人问对方一个问题，答对的那个人就可以玩电脑。朱莉问菲亚说："如果有一天，当后天成为昨天，今天距离周日的时间恰好与当前天成为明天时的那个今天距离周日的日子相等，你知道那天是周几吗？"你能帮菲亚找到答案吗？

045. 问题在哪里

莫顿开车去郊外，他觉得人烟稀少，就开得很快，结果撞到了一位女士。他匆匆忙忙开车潜逃后，改装了汽车，更换了车头的车牌，车灯头也更换了。但是当他以为全部改头换面的时候，警方就根据几个目击者对现场的描述找到了他。你知道问题在哪里吗？

046. 汉森的公主

汉森一直认为自己的心上人的形象应该是个子高，长得漂亮，文凭高。约翰太太给汉森介绍了4个女孩：戴娅，黛丝，肖维和蕾亚，其中只有一个符合上面3个条件。这4个女孩中3个是高个子，两个长得漂亮，一个文凭高。已知戴娅和黛丝长相差不多，黛丝和肖维文凭一样，肖维和蕾亚不都是高文凭。

你觉得谁是汉森的公主呢？

047. 分比萨

有一天，汉斯去流浪儿童中心，给孩子们带了10块方形比萨，结果这里有30个孩子。为了表现公平，让每个孩子都得到满意的比萨，汉斯需要把这些方形比萨每块平均分为3份。请问，如何才能分得一样多呢？

048. 判断

　　某日，小明、小华、小东和小伟在家属院里踢球，突然，王爷爷家的玻璃窗被打碎了。王爷爷问他们4个是谁打碎的，他们4个这样解释道：

　　小明说："不是我们4个弄碎的。"

　　小华说："我们4个人中有人把窗户弄碎了。"

　　小东说："小华和小伟中至少有一人没有打碎窗户。"

　　小伟说："我没有打碎窗户。"

　　如果他们4个人中，有两个说的是真话，有两个人说的是假话，那么下面哪项判断成立？

　　A.小明和小东说的是真话。

　　B.小明和小伟说的是真话。

　　C.小华和小东说的是真话。

　　D.小华和小伟说的是真话。

049. 碟子与客人

　　琼斯太太在水龙头旁洗碗碟，邻居看见了就问："您为什么洗这么多的碟子？"琼斯太太说："感恩节，家里来的客人比较多。"邻居又接着问："有多少客人？"琼斯太太说："人数我不知道，我只知道2个人共用一碟菜，3人共吃一份羹，4人共用一盘水果，一共用了65个碟子。"你知道琼斯太太家有多少客人吗？

050. 士兵与警犬

在执行一次任务中，士兵带着一批警犬去山上搜查，朱蒂数出刚才一共跑过去890只脚，安诺数出刚才一共跑过去的士兵和警犬的个数是360个。你知道，刚才究竟跑过去多少士兵，多少警犬吗？

051. 骑摩托车

哈里、杰森、肖恩、汉斯、汤姆5个人骑摩托车，却不幸有1个人受伤了。你能根据下列条件，判断出谁受伤了吗？

①哈里是单身汉。

②受伤者的妻子是汉斯妻子的妹妹，他有个儿子。

③汤姆亲眼目睹了整个事故发生的经过，再也不想骑摩托车。

④杰森的妻子没有外甥女也没有外甥。

052. 开证明

森元公司最近在进行人事调动，布朗为了能证明他有多年的工作经验，就去他原来工作的A公司开份工作证明。

他准备某个下午去A公司，先要去人事部开份在本公司上班的证明，再去他原本所在的部门策划部开证明，但是A公司双休日休息，人事部周一下午开会，策划部周五下午开会，公司总会是在周二、周四下午和周三上午开会。请问：布朗是哪一天去的A公司？

053. 谁拿着火柴

　　5个朋友托里、麦克、乔治、约翰和亨利在一起聚会，他们在喝酒的时候玩一个游戏，一个人去猜火柴在另外4个人的哪个手中，猜中就不用喝酒，没猜中就要罚酒一杯，每个人都会给一句提示。轮到亨利猜了：

　　托里说："乔治拿着呢。"
　　麦克说："我没拿。"
　　乔治说："在麦克手中。"
　　约翰说："在托里手里。"

　　而我们所知道的是，他们4个人中只有一个说真话，其他3人说的都是假话。火柴到底在谁手中呢？

054. 借钱

　　大卫、马丁、汤姆和杰瑞都是好朋友。有一天，大卫向马丁借了100元钱，正又赶上马丁急需用钱，于是马丁又找汤姆借了200元，恰巧汤姆的钱也不是很充足，就向杰瑞借了300元。杰瑞到大卫家附近买东西，钱没有带够，就向大卫借了400元。几天后，四人一起去逛街，就想把钱还清。你知道如何最简单地算清这账吗？

055. 女儿们的裙子

夏天到了，琼斯太太带着她的3个女儿去街上给她们每人买了条裙子。分别是：粉红色的裙子、绿色的裙子和蓝色的裙子。

现在知道：给苏菲买的不是绿色裙子，给阿贝买的不是蓝色的裙子也不是绿色的裙子，给索拉买的不是粉红色裙子。你知道她们各自的裙子是什么颜色吗？

056. 饮料

一种饮料搞一次促销活动，有4个饮料盖子便可以换一瓶这种饮料。一次朋友聚会，哈尼买了这种饮料，朋友们玩起游戏，谁输了就把瓶盖拿去换饮料。已知他们一共喝了161瓶饮料，你能算出这些饮料中至少有多少瓶是付钱买的吗？

057. 四位舍友

一个宿舍里住了4个人，分别是安仔、福特、汉加、韦达。这天周日，他们一人在整理房间，一人在打电话，两人在看电视。已知安仔没有打电话，也没有整理房间。福特没有看电视。汉加没有打电话也没有整理房间。如果安仔和福特都不在看电视，韦达也不在打电话，那么这舍友四人是谁在打扫房间呢？

058. 半价衣服

有家服饰店搞促销活动，顾客买衣服只收半价。马莉觉得很实惠便挑了起来，挑完后，她对售货员说："既然你们这里搞只收半价的活动，那我要买两件衣服，我把一件衣服折合成一半的价钱给你，就可以了吧？"你觉得这样可以吗？

059. 鸭子孵蛋

卢尔和里约经常在一起玩。这天，他们俩把各自的玩具拿出来好多，傍晚要回家了，为了第二天玩得方便，他们就把玩具藏在了一个无人会发现的角落。结果第二天他们去看的时候，卢尔的玩具机器人不见了。很明显，是昨晚有人把机器人偷走的。卢尔说："肯定不是我，我偷自己的机器人干什么？"里约说："也不是我，我昨晚在家，我家的鸭子在孵蛋，我在等待小鸭子的出生。"请问：里约的话可信吗？

060. 破纪录的冠军

一个国际运动会上，一个长跑运动员打破了往年长跑纪录。冠军的参赛号码是一个四位数，这个四位数是亚军号码的4倍，而亚军的号码从后面倒着写就是冠军的号码。你能猜出得冠军的人的参赛号码吗？

061. 四位朋友

安娜的3个好朋友来她家玩，虽然她们4个关系十分要好，但是对于水果的选择却分歧很大，因此安娜专门准备了4种水果招待大家：荔枝、苹果、桃子和橙子。

她们4个对于水果的选择，符合以下描述：

安娜：不爱吃葡萄也不爱吃荔枝。

朱蒂：不爱吃葡萄也不爱吃苹果。

凯莉：既不爱吃葡萄也不爱吃荔枝。

琳达：如果安娜不爱吃苹果，那么她就不爱吃葡萄。

你知道她们几个各自喜欢什么水果吗？

062. 饰物的价格

索菲娅去精品店里选购物品，这里的物品都是100元以内的饰品。在店里，她看到一条十分漂亮的项链、一个别致的胸针，还有一个很独特的发卡，都是她喜欢的东西。

已知：项链价格的数字对调一下就是胸针的价格，发卡的价格的两倍是项链和胸针两个饰品价格的差数，而胸针的价格是发卡价格的10倍。

那么，这3样饰品的价格各是多少？

063. 五个人的游戏

A、B、C、D、E5个人总爱在一起。一天，他们玩一个游戏，就站成一圈。根据线索，你能猜出他们是怎么站的吗？

其中4个人各说了一句话，给出不同的线索：

A说："我站在C旁边。"

B说："我站在E旁边。"

C说："B站在D的左边。"

D说："站我右边的是B或者C。"

064. 衣柜里的秘密

哈利的太太刚买了两个衣柜，一个里面放的是哈利太太的衣物，一个里面放的是哈利的衣物。哈利太太给哈利先生出了个难题，她在两个衣柜上各贴上一张字条。

左边衣柜上的字条是："右边衣柜上的字条属实，而且里面是哈利的衣物。"

右边衣柜上的字条上写着："左边的字条是假的，而且哈利的衣物在左边的衣柜里。"

你能帮哈利先生猜到他的衣物在哪个柜子里吗？

065. 取糖果

露西有一个糖果盒子，里面一共有44颗糖果。其中有2颗是西瓜味的，3颗是蜜桃味的，4颗是葡萄味的，5颗是菠萝味的，6颗是牛奶味的，7颗是橙子味的，8颗是荔枝味的，9颗是草莓味的。如果露西每次只从盒里取出一颗糖果，那么最多几次能拿到2颗口味一样的糖果呢？

066. 糖果训练

莱克太太为了训练她5岁的儿子的思维，已经让他懂得想要什么就要自己去努力争取，每次在给她儿子一样东西的时候都要小小的刁难一下他，今天也不例外。莱克太太给儿子糖果吃，但是告诉儿子糖果就在桌子上的3个盒子中的一个里面，每个盒子都给她儿子一个提示。

绿色盒子给的提示是：这里有糖果。

蓝色盒子给的提示是：这里面没有糖果。

黄色盒子给的提示是：另外两个盒子的提示一个是真的，一个是假的，我的话绝对不会错。

莱克太太的儿子想要吃的糖果在哪个盒子里呢？

067. 冠军

有4个运动健儿在一起聊天，他们分别是标枪、铅球、跳远、跳高的冠军。

裘德觉得切诺是跳高冠军。

罗利觉得维森是铅球比赛的冠军。

维森觉得标枪的冠军肯定不是裘德。

切诺觉得跳远的冠军肯定是罗利。

他们中只有标枪和跳高获得了冠军的两位运动员推测对了。你知道他们各是哪项运动项目的冠军吗？

068.三辆赛车

三辆速度不一的赛车，同时从起跑线发动，红色跑车1分钟可跑2圈，黄色跑车1分钟可跑3圈，绿色跑车1分钟可跑4圈。你能根据条件算出它们在几分钟后会在起跑线上相遇吗？

069. 会笑的花盆

有一天，索菲亚过生日的时候，她的男朋友南柯想向索菲亚求婚，觉得直接把戒指拿出来不够浪漫，因此他就将戒指藏在了窗台上的一个小花盆下面，南柯让索菲亚自己在屋子里找生日礼物。索菲亚环顾四周，眼睛落在了窗台的花盆上，并且立马在一盆花中找到了戒指。

南柯很纳闷："窗台上有5盆花，你是怎么一下就看出礼物在哪里的呢？"

索菲亚笑着说："因为这盆花在冲着我笑呢！"

难道花真的是在冲着索菲亚笑吗？你知道是怎么一回事吗？

070. 谁是汤姆

　　约翰最近联系上了他多年未见的朋友汤姆。一天，他在没通知汤姆的情况下去看他，在汤姆的住所他看到了6个人，汤姆就在其中。请你根据所给的条件，在图中找出约翰的朋友汤姆。

汤姆的头发比较卷；
汤姆要么额头皱纹深，要么鼻子较大；
如果汤姆没有大鼻子，那么就有大嘴巴；
汤姆的眼睛比其他人的大。

071. 箱子上的纸条

　　柜子里有4个箱子，每个箱子上都有一张纸条，分别写着一句话：

　　A箱子上写着："所有箱子里都是衣物。"

　　B箱子上写着："红箱子里是上衣。"

　　C箱子上写着："本箱子里没有裤子。"

　　D箱子上写着："有些箱子里没有衣物。"

　　如果这里只有一句话是真的，那么你能判断出哪个箱子里能拿出衣物吗？

072. 什么关系

甲、乙、丙、丁、戊在一起闲聊，下面是他们聊的内容：

①乙是我母亲的姐妹。
②戊是我的岳母。
③丙是我女儿的姐妹。
④甲是我姐妹的丈夫。

根据上述内容，你能判断出这些话分别是谁说的以及他们之间的关系吗？

073. 漂亮的发卡

5个人站成一列，从5个红发卡和4个蓝发卡中，取出5个分别给每个人戴上。她们不能扭头，所以只能看见前面的人头上所戴的发卡的颜色。开始的时候，站在最后的第五个人说："我虽然看到你们头上所戴的发卡的颜色，但是我还是不能判断自己头上所戴的发卡的颜色。"第四个人说："我也不知道。"第三个人说："我也不知道。"第二个人也说不知道自己头上所戴的发卡的颜色。这时，第一个人说："我知道我戴的发卡的颜色了。"

综上所述，你知道第一个人戴的发卡是什么颜色吗？

074. 如何问问题

有甲、乙两人，其中，甲只说假话，而不说真话；乙则是只说真话，不说假话。但是，他们两个人在回答别人的问题时，只通过点头与摇头来表示，不讲话。有一天，一个人要去P城，来到A、B两条路的交叉路口，这其中有一条路是通向P城的，但他不知道是哪一条。他可以向站在路边的甲、乙二人问路，只是不知道谁是甲，谁是乙，也不知道"点头"是表示"是"还是表示"否"。现在，他必须问一个问题，才可能断定出哪条路通向P城。那么，这个问题应该怎样问呢？

075. 今天星期几

有一富翁，为了确保自己的人身安全，雇佣了双胞胎兄弟两个做保镖。兄弟两个确实尽职尽责，为了保证主人的安全，他们做出如下行事准则：

①每周一、二、三，哥哥说谎；
②每逢周四、五、六，弟弟说谎；
③其他时间两人都说真话。

一天，富翁的一个朋友急着找富翁，他知道要想找到富翁只能问这兄弟俩，并且他也知道兄弟两个的做事准则，但不知道谁是哥哥，谁是弟弟。另外，如果要知道答案，就必须要知道今天是星期几。

于是他便问其中的一个人："昨天是谁说谎的日子？"

结果两人都说："是我说谎的日子。"

根据以上表述，你能猜出今天是星期几吗？

缤纷校园篇

001. 说话者是谁

一家幼儿园的工作人员包括老师和后勤。他们其中的一位说："包括我在内，这家幼儿园的老师和后勤共16人。下面所说的情况，不管是否包括我在内，都是成立的。在这些工作人员中：①老师的人数比后勤多。②男后勤的人数比女后勤的人数多。③男老师的人数比女老师的人数多。④至少有一位是女后勤。"

请问，这位说话的人是什么性别和职务呢？

（提示：先确定一种不与上述任何情况相违背的人员情况。）

002. 任课老师

五年级一班有张、王、赵3位老师，3位老师担任该班的数学、语文、自然、体育、音乐和美术6门课，每位老师各教两门课。

实际情况如下：

①自然老师和数学老师是邻居。

②王老师是其中最年轻的一位老师。

③张老师喜欢和体育老师、数学老师交谈。

④语文老师比体育老师年轻。

⑤王老师、语文老师和音乐老师3个人经常一起去打球。

根据以上信息，你能分析出谁教哪两门课吗？

003. 五个学生

甲、乙、丙、丁、戊5个学生都是班干部，他们分别是学习委员、文体委员、劳动委员、班长和中队长。

已知：

①学习委员不是丙，也不是丁。

②班长不是丁，也不是甲。

③丙和戊住在同一个小区里，中队长和他们都是邻居。

④丙和文体委员打球时，乙在一旁观战。

⑤甲、丙、劳动委员、学习委员几个人常在一起谈论问题。

⑥丁、戊和文体委员常一起去补课，中队长不常去。

请问，这5个学生各在班里担任什么职务？

004. 考分

大名鼎鼎的罗斯教授给自己的学生进行了一场考试，满分是100分，参加考试的共有五人，为甲、乙、丙、丁、戊。考试成绩出来后：

甲说："我得了95分。"

乙说："我在五人中分数最高。"

丙说："我的得分是甲和丁的平均分。"

丁说："我的得分是我们五人中较低的。"

戊说："我比丙多得2分，成绩在五个人中是第二。"

那么，这五人的考试成绩各是多少呢？

005. 考试卷子

数学考试成绩下来了，老师一一把它们发了下去，可是有一张卷子没写名字。

现在有4个人没领到卷子，其中有3个是没参加考试的学生。

曼菲说："这卷子是玛莎的。"

露西说："这卷子不是我的。"

玛莎说："这卷子也不是我的。"

苏菲说："这卷子是曼菲的。"

这4个人中只有一人说对了，其他人都说错了。

根据上述条件，你能推断出这卷子是谁的吗？

006. 旅游

放假了，韩老师、张老师、刘老师与李老师4位老师在不同的时间出去旅游了。快收假时，4位老师回来了，回来的时间也不一样。

我们只知道：

①韩老师旅行时间最短；

②李老师旅行时间最长；

③张老师和刘老师旅行的时间一样长。（假设他们七号出去旅行，九号回来，途中只用了两天时间）

④李老师不是一号离开的；

⑤李老师出发时，刘老师已经出发了；

他们各自出发的时间：一号、二号、三号、四号；

他们各自回来的时间：五号、六号、七号、八号。

你能根据以上条件推断出他们旅行出发的时间和回来的时间吗？

007. 水是否污染

　　叶莲娜听别的同学说学校的水被污染不能喝了，于是她就想试试到底能不能用。打水路上，她看见两个班里的同学玛丽和爱莎提着壶过来了，叶莲娜知道这两个同学中有一个爱撒谎。于是，她想了想，问玛丽说："你壶里打水了吗？"玛丽说："打了。"

　　"那这水能用吗？"

　　玛丽说："可以。"

　　我们不知道玛丽是不是爱说谎。从上面的对话中，你能判断出学校的水是否被污染了呢？

008. 补课老师

　　比特是个初三的学生，可他的学习一直不好，妈妈很是着急，所以就请了几位辅导老师给比特补课。已知，聘请的王老师、李老师、马老师分别担任比特的数学、物理、化学、英语、语文、生物老师。

　　妈妈现在只知道：

　　①王老师是年纪最大的；

　　②数学老师比语文老师年纪较小；

　　③物理老师的办公室在英语老师的隔壁；

　　④马老师、数学老师和英语老师老爱在一起；

　　⑤化学老师、生物老师和王老师爱打篮球。

　　根据上述所给条件，你能推出这3位老师分别要给比特补哪两门课程吗？

009. 背诵

在一次老师抽查背诵中，同学对派克、薇诺娜、布鲁姆、罗伯茨4个同学背诵的结果有多种说法，其中，只有一种说法是正确的。

①如果派克背诵得不好，那么薇诺娜背得好；

②背得好的是布鲁姆；

③背得好的是派克，薇诺娜背得不好；

④背得好的是派克或罗伯茨。

你知道哪种说法一定是正确的吗？

010. 考试

期末考试后，艾玛、丽芙、茱莉亚在一起讨论考试成绩。艾玛说："如果我能得100分，则丽芙也能得100分。"丽芙说："我看艾玛能得100分，我不能得100分。"茱莉亚说："如果我能得100分，则丽芙得不了100分。"

事实上，考试成绩出来后，证明她们3个中只有一个人说的话是正确的。你知道是谁吗？

011. 五种水果

一个幼儿园的老师把5种水果——苹果、鸭梨、桃子、香蕉、香瓜各自放在5个柜子里，让A、B、C、D、E 5个小朋友去猜各个柜子里的水果，每个小朋友限猜两个柜子。

A猜：第二个柜子是苹果，第三个柜子是鸭梨；

B猜：第二个柜子是桃子，第四个柜子是香蕉；

C猜：第一个柜子是香蕉，第五个柜子是香瓜；

D猜：第三个柜子是桃子，第四个柜子是香瓜；

E猜：第二个柜子是鸭梨，第五个柜子是苹果。

猜完后，打开柜子一看，每人都猜对了一种，并且每个柜子都有一个人猜对。请你判断，他们各猜中了哪一种水果？

012. 手表

一次大学同学会上，比尔见到了多年未见的好友里奥。里奥和比尔在聊天的过程中，看见比尔戴的手表十分精致，于是就问比尔手表的价格。比尔笑着说："这块手表的价格是个四位数，倒过来看就变成了另外一个四位数，而且比原来的价格多了4905元。"你能帮里奥推出这块手表的价格吗？

013. 选奶茶

肖恩、安雅和罗丝在放学的时候总要去学校旁边的奶茶店里买奶茶喝，而且她们3个都只喜欢香芋味和巧克力味奶茶，所以每次3个人都只点这两个味的奶茶。如果肖恩要香芋味奶茶，安雅肯定就要巧克力味奶茶；肖恩和罗丝不会一起要巧克力味奶茶；安雅和罗丝不会一起要香芋味奶茶。你知道谁昨天要巧克力味的奶茶而今天要的香芋味奶茶吗？

014. 老师的年龄

星期三的时候，苏菲的班里新来了一位法语老师。老师看起来非常年轻，但是课堂内容很丰富，而且控制力好，不像是没有经验的老师，所以大家猜想老师是不是有一张娃娃脸，只是看起来很年轻。课间，他们对老师的年龄展开了激烈的讨论：

苏菲说："老师应该有26岁。"

大卫说："老师至少28岁。"

约翰说："老师不到30岁。"

安娜说："老师最少有24岁。"

如果其中只有一个人猜对了，那么你觉得老师大概有多少岁呢？

015. 住宿的学生

住在学校宿舍同一房间的4个学生甲、乙、丙、丁正在听一首流行歌曲，他们当中有一个人在剪指甲，一个人在写东西，一个人站在阳台上，另一个人在看书。已知：

①甲不在剪指甲，也不在看书；

②乙没有站在阳台上，也没有剪指甲；

③如果甲没有站在阳台上，那么丁不在剪指甲；

④丙既没有看书，也没有剪指甲；

⑤丁不在看书，也没有站在阳台上。

根据上述条件，你能判断出甲、乙、丙、丁各自在做什么吗？

016. 选手与奖次

安东尼、亚力士、阿奇尔3个学生参加金秋杯篮球比赛，他们是来自马尔县、鲁山镇、水岭乡的选手，并分别获得一、二、三等奖。现在知道的情况是：

①安东尼不是马尔县选手；

②亚力士不是鲁山镇选手；

③马尔县的选手不是一等奖；

④鲁山镇的选手得二等奖；

⑤阿奇尔不是三等奖。

综上所述，阿奇尔应是哪里的选手，他得的是几等奖？

017. 哪个影子大

一天，数学课上，老师给大家出了这样一道题。他说："两架型号相同的飞机飞过高空，一架飞行高度是50米，一架飞行高度是35米，那么哪一架飞机投在地上的影子大？"学生甲说："肯定飞得低的飞机影子大。"学生乙说："两架飞机的影子一样大。"你认为谁说的对呢？

018. 遇冷的热铁丝

卡特是一位有名的物理老师。一天，他给学生上课的时候讲了这样一道题：一根长铁丝接在电路上，已经变热了。突然，有人将冷水滴在铁丝的右端，那么，铁丝左端的温度会如何呢？学生A回答说："左端的温度也会随着下降。"学生B回答说："左端的温度会保持不变。"学生C回答说："你们说的都不对，铁丝左端的温度会变得更高了。"你觉得谁的回答是正确的呢？

019. 紫色从哪里来

绘画课上，卡宾的桌子上只摆着红色和蓝色两种颜料，但是他画出来的画作上面除了红色和蓝色外，还有紫色。他没有从其他人那里借来紫色颜料又还回去，而也的的确确只用了桌上的两种颜料。你知道紫色是从哪里来的吗？

020. 不同的距离

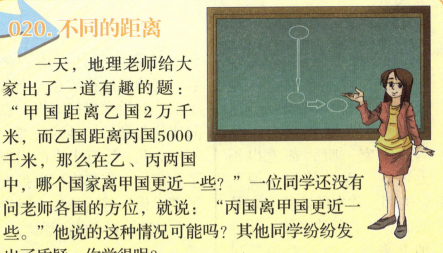

一天，地理老师给大家出了一道有趣的题："甲国距离乙国2万千米，而乙国距离丙国5000千米，那么在乙、丙两国中，哪个国家离甲国更近一些？"一位同学还没问老师各国的方位，就说："丙国离甲国更近一些。"他说的这种情况可能吗？其他同学纷纷发出了质疑，你觉得呢？

021. 有趣的天平

一天课上，老师拿来一架天平，让大家来看。天平自然没什么新鲜的，大家都很熟悉。可是，老师用天平出了几道题，非常有趣，你不一定能答得上来哟！

（1）天平两边各放一个同样的盆，盆里放同样多的水，天平达到平衡。这时，如果有人把一根手指浸入一边盆里的水中，那天平会向哪一边倾斜呢？

（2）在天平两边各放一个密封的瓶子，其中一个瓶子里放一只会飞的小虫。当小虫停在瓶底的时候，天平是平衡的。如果小虫飞起来，飞在空中，那么天平会怎么样呢？

（3）在天平两边各放一个相同的袋子，一个袋子充满空气，一个袋子没有空气。那么，天平会平衡吗？

022. 燃烧的冰糕

化学课上，老师带来一支冰糕，对大家说："今天，我们来做个游戏，让冰糕燃烧。"冰糕也会燃烧吗？大家一听，都觉得不太可能。乔纳站起来说："老师，你拿的冰糕一定是假的。"老师笑了笑，让乔纳上来尝一尝。乔纳尝过后，确定冰糕是真的。之后，老师把冰糕放在一个盘子里，然后拿出打火机，点向冰糕与盘子接触的底部。不一会儿，冰糕上真的出现了火苗。大家都吃惊地张大了嘴，你知道这是怎么回事吗？难道冰糕真的能燃烧？

023. 水位升高的秘密

实验室里，老师决定给大家做一个游戏。他在大玻璃缸里倒一部分水，然后点燃一支蜡烛，放入玻璃缸内，蜡烛固定在缸底，火苗高于水面。之后，老师又把一个比较深的玻璃杯倒扣着放入玻璃缸内，罩住蜡烛。"接下来会发生什么呢？"老师问大家。一个学生回答："蜡烛会熄灭。"没错，蜡烛的确在燃烧了一会儿后就熄灭了。然而，大家看到了更为奇怪的事情，那就是玻璃杯内的水位却上升了，比玻璃缸里的水位高出一截。这是怎么回事呢？为什么水会从缸里流入玻璃杯呢？

024. 能唱歌吗

　　体育老师带领大家在操场上自由活动，小杰瑞问大块头乔森说："你会唱歌吗？"乔森不屑一顾地回答："唱歌谁不会？"杰瑞摇摇头说："不，我说的不是这样站着唱歌，而是在举重时唱歌，你能吗？"乔森是班上的举重高手，常自比力大无穷，他听了杰瑞的话，大步走到杠铃面前，说："这还不容易，听我给你唱一个。"说完，他用力举起了杠铃。这时，他想张嘴唱歌，却怎么也发不出声来。这是怎么回事呢？

025. 萝卜半球

　　黛丝在课堂上学习了"马德堡半球实验"的故事，自己也想做一个半球试试。她回到家后，到厨房里取了一个大长萝卜，用刀在萝卜中间切成两半。之后，她用勺子挖掉带叶子的那半个萝卜的果肉，并保证萝卜皮完好无损。如此，这半个萝卜就成为空心的了。黛丝把这半个萝卜轻轻放进一个瓷盘的中间，再用力按一按。接着，她提起了萝卜的叶子，你知道会发生什么事情吗？

026. 两只白鼠

实验室里，老师把两只小白鼠分别放进两个大容器里，然后封闭容器。不同的是，容器甲中放入一盆植物，容器乙中什么也没放。把两个容器拿到阳光能照到的地方，之后，老师问大家："哪个容器里的小白鼠会先死亡？"大家议论纷纷，有的说容器甲中的白鼠先死，有的说容器乙中白鼠先死，你觉得呢？

027. 谁写的作业题

一天早上，数学老师在检查大家的作业本。他发现小乔森的作业题字写得歪歪扭扭，完全不像他平时的字迹。于是，他把小乔森叫过来问是怎么回事。乔森说："老师，我昨天晚上很不舒服，医生说必须卧床休息。但我不想完不成作业，就仰面躺在床上，把本子举起来，用圆珠笔写下这些作业题，所以字迹潦草，请您原谅我。"老师听了，又看了看本子，问："这些字果真都是你仰面躺在床上写的吗？"小乔森说是。老师笑了，说："你肯定是在撒谎，快点说这是谁帮你代写的吧！"老师为什么知道乔森撒谎了呢？

028. 硬骨变软骨

　　化学课上，老师对大家说："今天，我们一起做一个实验。"同学们听了都显得格外高兴，只见老师拿出一个盆，一包白醋，一根猪骨头，然后他望着大家说："大家看我手中的这根猪骨头，是硬的，今天我们要做的实验就是把这根硬骨头变成软骨头。"同学们听了都觉得有些神奇，看着老师先把硬骨头放到盆里，然后向里面倒入白醋，直到把骨头淹没住。做完这些后，老师对大家说："现在，我们把实验先做到这里，明天我们再来看结果。"一天之后，老师再把骨头取出来时，骨头真的已经变软了，轻轻一掰就断了。你知道其中的奥秘吗？

029. 煮鸡蛋

　　实验课上，乔伊问老师："我们知道，把鸡蛋放在水里，然后给水加热，就可把鸡蛋煮熟。但是，如果没有火能把鸡蛋煮熟吗？"老师说："可以，只要3样东西：生石灰、水、铁盆，一样可以把鸡蛋煮熟。"只见老师把生石灰放入铁盆里，然后倒入少量的水，等生石灰吸水裂开后，老师把鸡蛋放在石灰上。几分钟后，生石灰变成了膏状的熟石灰，老师告诉乔伊鸡蛋熟了。乔伊简直不敢相信，但是他拿起鸡蛋剥开壳一看，鸡蛋真的煮熟了。你知道其中的奥秘吗？

030. 平衡木和水果

课堂上，老师拿了一个支点不在中间却处于平衡状态的平衡木，并告诉了同学们，现有两个重达250克的箱子和一堆水果，谁可以用现有的工具称出500克的水果呢？芬妮很快就找到了方法。你知道芬妮是用什么方法称出来的吗？

031. 左右问题

体育课上，老师带领大家做了一个关于左右的有趣游戏。游戏是这样的：查罗的右边站着玛丽，玛丽的右边站着大卫，大卫的右边站着福克斯，福克斯的右边站着琼斯。那么请问，琼斯会永远都在查罗的右边吗？很多人都答错了，你呢？

032. 飞行员与子弹

历史课上，老师讲到在一次战争中，一个法国飞行员在几千米的高空中发现周围有个东西在游动，他以为是只小昆虫，伸手一抓，却发现是一颗子弹！同学们听了都不敢相信，飞行员能抓到子弹吗？

警官判案篇

001. 指纹的秘密

财富大厦里的保险箱被人撬开，盗窃者偷走了一份秘密文件。在调出录像后，发现盗窃者装扮得相当缜密，从身形上可以看出是个女人，但让人惊讶的是，她未戴手套，连指甲上鲜红的指甲油都可以清楚地看到，而且从监控器中可以看出她并未擦去指纹。于是警察立即寻找她的指纹，但却没有发现任何指纹。为什么这个盗窃犯的指纹会找不到呢？

002. 区别小偷

在一个小镇里同时发生了3起盗窃事件，3个人丢的东西分别是集邮册、钱和漫画书。

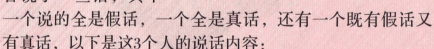

根据现场情况，警察断定有3个人最有嫌疑，几天后警察找到A、B、C3个人，向他们询问情况。3个人各说了一些话，其中一个说的全是假话，一个全是真话，还有一个既有假话又有真话，以下是这3个人的说话内容：

A说：①C是偷集邮册的，他一直很喜欢集邮；②我害怕被罚，就编造一些了；③B是偷漫画书的，他最喜欢漫画书。

B说：①A喜欢乱花钱，零花钱不够，就偷钱了；②A从不说真话；③C是偷漫画书的。

C说：①偷钱的不是B；②A偷的是集邮册；③我确实偷过东西。

聪明的你可以从上面的叙述中推测出是谁偷了什么东西吗？

003. 昏迷事件

一个炎热的夏天，安娜被发现昏倒在密闭的卧室里。幸亏抢救及时，她才没有生命危险。警察勘查了现场以后，判定安娜是因吸入过量的二氧化碳而窒息昏迷的。但卧室的门窗都关得紧紧的，不可能是有人从室外输入了二氧化碳。一名警察又仔细检查了一遍卧室，只发现角落里放了半箱冰激凌，那是安娜的一名叫苏菲的客户送来的。这名警察立即说是苏菲有意谋害安娜，你知道是为什么吗？

004. 可怜的小狗

老人费罗养了一只可爱的小狗，小狗名叫科比。可是有一天，费罗从外面回到家，刚走到楼下，就看到可爱的科比倒在阳台下面，死去了。它好像是从自家10楼的阳台上摔下来的。围观的邻居们都说，科比一定是从阳台上玩耍时，不小心掉下来的。费罗非常伤心，他回到家里，来到阳台上，仔细检查了阳台。在阳台的一角，他发现有几滴血迹，好像是科比的。费罗立即断定，科比不是自己掉下阳台的，这其中一定另有隐情。你知道他为何下此判断吗？

005. 认领孩子

最近，有很多家长报案说自己的孩子在上学的路上不见了，警方通过多种方式找到了这群走丢的孩子，现在让这些家长来认领。请你根据线索帮这些家长找到他们的孩子吧。

1号　2号　3号
4号　5号　6号

线索：①珍妮的孩子是男孩。

②玛丽的孩子头发是卷的。

③露西的孩子是红头发。

④苏菲的孩子胳膊上有颗红痣。

⑤曼莉的孩子既不是男孩，也没留长头发。

⑥艾薇儿的孩子头发很长。

006. 谁是罪犯

有一天，一名警察抓住4名盗窃嫌疑犯甲、乙、丙、丁。

甲说："是乙干的。"

乙说："是丁干的。"

丙说："不是我干的。"

丁说："乙在说谎话。"

事实证明，在这4个嫌疑犯中只有一人说的是真话，你知道罪犯是谁吗?

007. 诬告

7月20日晚，广场上出现一起自行车撞人事故，当时辛迪被撞伤。

7月21日，路人凯迪指控威廉，说："昨天晚上10点多，我站在该广场的喷泉旁边，亲眼看见威廉骑着自行车在离喷泉西边50米处的石像旁撞伤辛迪，因为当时月光正照在威廉脸上，所以我看得非常清楚，就是他。"听起来的确是威廉撞伤了辛迪，但是最后律师根据凯迪的这一控告判定凯迪诬告罪。你知道这是怎么回事吗？

008. 弗兰克断案

夏天的中午，虽然天气很热，但广场上还是人来人往，十分热闹。突然，人群中传来惊叫声，原来有人抢了一位女士的挎包，并飞快地逃走了。附近的巡警闻讯赶来，可是广场上的人实在太多了，那个劫匪早已混进人群中。巡警弗兰克正巧从广场经过，听到动静也赶了过来。他观察了一下周围的环境，指着正在花坛里浇花的花匠说："抓住他，他就是嫌疑犯。"你知道弗兰克是怎么认出劫匪的吗？

009. 夜来香作证

小镇上的博物馆里，一件名贵古物被盗了，案发时间是中午。多日后，警方找到了一名嫌疑人哈利。警官问哈利："案发时，你在哪里？"哈利说："我爱好摄影，当时正在外面拍照，有我拍的夜来香可以作证。"说完，哈利从包里拿出几张夜来香照片，照片上，夜来香花开得正盛。警官看过照片，接着问："你确定这些照片是你在案发时段拍的吗？"哈利说："当然。"警官上前逮捕了他，说："好吧，这些照片足以说明你在撒谎。"你知道警官是怎么判断的吗？

010. 案犯是谁

某公司失盗，警察抓到甲、乙两名嫌疑人，另外有4名证人在录口供。

证人王先生说："我知道甲是清白的。"

第二位证人李女士说："乙乐于助人，昨天还帮我拿东西上楼了呢，不可能是他偷盗。"

证人杨小姐说："我可以肯定前面两位的证词中，至少有一个是真的。"

最后一位张师傅说："我可以肯定杨小姐的证词是假的。至于她有什么意图我就不知道了。"

警察经过调查，证实张师傅说的是实话。那案犯究竟是谁？

011. 口吃的被害者

泰迪一向有口吃的毛病，但是他非常勤奋好学，工作也很努力，经常加班到很晚。

有一天，泰迪的弟弟接到从泰迪办公室打来的电话录音。他听完后非常着急，立即就报了警。事实证明泰迪是被人打成重伤，陷入昏迷，电话是他被伤害前打来的。

录音内容如下：

"……我我我遇遇遇到了一一个坏坏……人，我我我知道他的的电话号……码，就是是是3333777……7，啊……(摔倒的声音)"

弟弟道："唉，真可惜电话号码仅说了两个字，还有6个呢，我哥哥现在昏迷不醒，很难找到作案的人……"警方也觉得很遗憾，他们凭着3和7这两个号码查了好几天也无法找到疑犯的线索。

后来，一个警察灵机一动，说他已经知道嫌疑犯的电话号码了，并且很快找到了案犯。请问：警察是根据录音找到线索并推测出电话号码的吗？为什么？

012. 伪证

在某公寓发生一起盗窃事件，警察到达现场时，看到桌子上放着半瓶啤酒，是盗窃犯留下的，瓶里的啤酒还在冒泡。住在公寓隔壁的哈雷说："这间公寓的主人怀特好几天都没回来了，昨天晚上大概3点多的时候，我听到这房间里传出很大的动静，以为是怀特回来了，就没在意，接着睡觉了。今天早上想叫他去晨练，才发现他家被盗了。"

警官听后说："你为什么作伪证？"

警官为何这样问？

013. 绑架案

汤姆斯的祖母是个很有钱的老太太，独自一人居住在一栋小楼里。

这天，汤姆斯来看望祖母，他发现楼后花园里的花草好多天没有剪了，心想要帮祖母把花园修理修理。当他来到门口时，看到台阶上放着一瓶已经过期的牛奶和好几份报纸。他觉得情况不对，祖母应该每天都要看报纸，怎么这么多天的报纸都没拿进屋呢？汤姆斯急忙打开祖母家的门，发现祖母不在家。他感觉事态严重，急忙报了警。警察在勘察过现场后，确定汤姆斯的祖母被人绑架了。可谁是绑架犯呢？一个警察看了看门口放的牛奶和报纸后说："我知道绑架犯是谁了！"你知道了吗？

014. 窃贼是谁

苏菲坐火车回家，睡了一晚上后，清早，在车进站停下的时候，苏菲起来到车厢里走走，并没有带包。等车要启动的时候她回来了，结果发现她的包却不见了。当时周围有3个人醒着，她上铺的人说："车停的时候我下去买了瓶水。"她下铺的人说："我刚才去了趟厕所。"和她临床的人说："我刚才去隔壁车厢找朋友了。"根据上面所说的，你知道谁最可能偷了苏菲的包吗？

015. 办公室受伤

切诺在他的办公室发生意外，他被从柜子上掉下来的一本大字典砸中头部，受了重伤。大家都认为这是一场意外，可是切诺的好友南松检查了那个书柜，发现书柜上原来放字典的那块隔板松动了，隔板接缝处的钉子上有不明显的划痕。南松断定这不是意外，而是有人故意要伤害切诺。他为什么这么说呢？

016. 十字架项链

黛蕾斯报了案，她的姐姐安瑞受伤昏迷。警察勘察过现场，发现安瑞是背后遭人袭击而受伤的。安瑞手里紧紧握着一个十字架项链，她好像是在被人重伤前预感到危险了，在用十字架项链说明什么。黛蕾斯说她姐姐是个虔诚的基督教徒，平常很内向，接触最多的也就是家人和神父了。警官恍然大悟："我知道嫌疑犯是什么人了。"你猜到了吗？

017. 第几现场

在野外的一片森林里，警方发现一个受伤昏迷的男人，此人身上有明显的伤痕。但现场没有发现任何可疑痕迹，警员波特说："这个人为什么会在这里被人打伤呢？"警长普利没有说话，他接着搜查，突然看到被害人的衣服里跳出一只蟑螂。他立即说："这个人应该是在室内被打伤后扔到这里的，这不是第一现场。"波特不明白普利为什么这么说，你知道吗？

018. 虚假报案

一天，福特匆匆忙忙报了案，说遭遇了抢劫。警官告诉他不要动现场的任何东西，于是福特就站在门外。等警察卢森来了以后，福特说："刚才我正在模拟向女朋友求婚的场景。我放着音乐，刚摆好鲜花就突然停电了，一个人冲进来抢走了我准备向女朋友求婚的戒指。"警察让福特拉开电闸，家里马上就亮了起来，周围一片安静。卢森立即对福特说："你撒谎了！"为什么卢森说福特撒谎了呢？

019. 威廉姆

　　威廉姆是一个没有左臂的残疾人，他为人一向真诚和善。但是某天，公司里一份重要文件被人偷窃了，而在办公室的威廉姆受伤昏迷。可是等威廉姆醒来，人们发现那份丢失的文件就在威廉姆的左侧裤兜里。大家都认为威廉姆监守自盗，他是假装昏迷。可公司老板摸了摸威廉姆的裤兜，说他是遭人嫁祸。你认为呢？

020. 敲错门

　　卡里外出旅行，住在一家旅馆里。服务员给他安排了一个单人间，并告诉他整个楼层都是单人间。晚上，卡里正在房间里看电视，忽然听到有人敲门。他打开门一看，是一个陌生男人。那男人一见卡里，忙说："对不起，对不起，我走错门了，我还以为这是我的房间呢！"说完，就转身走了。卡里回到房间，突然觉得不对劲，仔细一想，便认定这个男人一定不是走错门了，他一定有什么目的。你知道卡里为什么这么认为吗？

021.遗嘱

在一个停电的晚上，收藏家去世了，律师询问其家人收藏家生前写的遗嘱在哪里，太太说在卧室里，说完就上去拿。太太拿着一支新蜡烛，上了楼。过了十几分钟，太太狼狈地跑下楼说："我上去拿遗嘱，谁知蜡烛刚点亮，窗户突然被风吹开了，我就去关窗，不想从窗外跳进来一个蒙面人。他把我摁倒在地，捆住我的手脚，堵住我的嘴。然后他抢走了遗嘱，又从窗口跳了出去。我好不容易挣脱绳子跑下楼……"

律师听完，到楼上环顾了一圈，看到桌上的蜡油，便说："太太，虽然您制造假现场的本事很大，但是您还是忽略了关键的细节。看来，以后还要更细心一些才是！"请问，律师是如何发现破绽的呢？

022.建筑师查理

著名老建筑师查理被发现在自己家里去世了。当警察赶到时，公寓的门窗都是反锁的，警察好不容易才把门弄开。进入房间，只见查理倒在床上，似乎已经去世好几天了。房屋的门窗都关得很好，似乎没有外人进来过的痕迹。人们都知道查理身体不太好，没想到他刚完成一个建筑草图，就这样病死了。

同行们都为查理的去世感到难过和惋惜。而警长皮埃罗又仔细检查了一遍现场，他看到窗台上的百合花都枯萎凋谢了，只剩下了花枝。地板上也是除了灰尘什么也没有。皮埃罗略微沉思了一下，习惯性地打了个响指，接着严肃地说："查理应该不是病死的。我肯定，这是一场谋杀。"

如果皮埃罗的推断正确，他是怎么发现破绽的呢？

023. 追捕

一个深秋的早上，警官卡特去警局上班。他走在路上，突然发现前面有个人正在拦路抢劫，便冲上去想抓住他。歹徒一看见他，掉头就跑，跑了好长一段路，一直跑进了广场。卡特紧随其后，却发现广场上有很多人，他搜寻了一圈，有5个人的体形和歹徒很相像。

其中一个人正在和小贩讨价还价；第二个人在一旁等着买早点；第三个人正在看一张报纸，报纸把脸遮住了，看不清面目；第四个人正在原地跑步取暖；第五个人裹着大衣坐在座位上，冷得直发抖。

卡特观察了一下，上去抓住一个人说："你就是抢劫犯！"你知道他指的是哪个人吗？

024. 假话

7月2日，昂拉被发现在即将结婚的新房里失踪了。警方在调查之后，需要找到他的未婚妻了解昂拉最近的情况。不巧，昂拉的未婚妻斯蒂娜去外地出差了，只能在电话里联系。警长打电话过去询问，斯蒂娜才知道自己的未婚夫不见了，她讲电话的声音有些慌乱。

等她调整好状态之后，说："我因为过来出差，路上需要十几个小时，我在6月31日的时候就离开了，7月1日到达，一直到现在，因为太忙也没联系昂拉……"警长问："你确定是6月31日吗？"斯蒂娜肯定地说："是的。"警长说："好的，谢谢配合。"

挂了电话之后，警长对警员说："全力抓捕，她说了假话！"你知道斯蒂娜说了什么假话吗？

025. 酒店失窃案

凯文最近在和妻子闹离婚，他携带自己的所有家当住进了酒店。可是，一天下午，凯文回到酒店后，发现他的保险箱以及所有财产档案都不见了。凯文马上报了警，他怀疑是自己的妻子干的。

警方马上传唤了凯文的妻子安拉。安拉刚外出旅行回来，她很快来到警局接受问讯，安拉说："我们是在闹离婚，我不同意，他就离家出走了。我很难过，所以外出旅行，想去散散心。他的秘书跟我撒谎说他去了国外，我根本不知道他住在哪里，又怎么可能去偷他的东西呢？"她的回答毫无破绽。警长把笔一搁，立起身说："你可以回去了。糟糕，我把一份口供忘在你丈夫所住的酒店了，你丈夫还在接受其他方面的调查，你能帮我去取一下吗？"

安拉犹豫了一下，还是同意了。半个小时后，安拉把口供记录送回了警局，但她立即就被逮捕了。警长认定她就是盗窃犯，为什么呢？

026. 索菲娅的谎言

艾琳因为一个不速之客老去她家找她麻烦，便想去老朋友索菲娅家躲躲。可是当她对索菲娅说了以后，索菲娅却说正在上班，下班再说，于是就挂了电话。索菲娅再打电话过来的时候，对艾琳说："我的公寓最近电很不稳定，一直在停电，估计还得一个星期电路才能修好，我现在住在我姐姐家。"

艾琳感觉索菲娅在撒谎，似乎是不愿意收留她。她有些生气，以前索菲娅遇到什么困难都找她帮忙，她从来都没推辞过。如今自己遇到了麻烦，她却不管不顾。为了验证索菲娅是否撒谎，艾琳来到她家的门前，果然看到索菲娅下班回来。她看到艾琳说："我回来拿点儿东西，这里的电一会儿有一会儿没有，太烦了！"艾琳没说别的，跟她进了门，只说："太热了，给我拿个冰淇淋吧！"索菲娅打开冰箱，给她拿了一整个冰淇淋。

这时，艾琳站起身说："你不想让我来你家住就直说，何必要撒谎呢？"艾琳是怎么确信索菲娅在撒谎的呢？

027. 盲人钢琴师

在一个由残疾人组成的乐团里，由于生意不理想，因此得临时裁人。顿库双手残疾，只能用脚弹琴，米萨是个盲人钢琴师。而两个钢琴师只能留下一个，米萨的琴艺比顿库的好一些。但一天晚上，米萨悄悄离开了乐团，不知道是什么原因。他的钢琴没有带走，有人发现这架钢琴好像是刚刚换过的，上面刻着和以前一样的标志。你知道为什么米萨会自己离开乐团吗？他的琴艺明明比顿库的好。

028. 谎言

某街区发生了一起恶性伤人事件，作案者逃跑了，没人看清他的模样。后来，警方找到了一名嫌疑人，并对嫌疑人进行了审问。

警官："案发那天晚上，9点左右你在干什么？"

嫌疑人："我一直在家看电视，没有出门。"

警官："你家住在哪里？有证人吗？"

嫌疑人："我家在机场附近，没有证人。但我可以告诉你当晚我看的是什么电视节目。"

警官："那天9点左右，应该有一架飞机在机场起飞，你家的电视画面当时有没有什么变化？"

嫌疑人："没有啊，我新买的电视，收视效果很好。"

警官听了，直接上前用手铐将他铐住，说："你被逮捕了。"请问警官是怎么判断的呢？

029. 谁打伤了莱斯夫人

因为经济不景气，小城里陷入混乱。全城公交公司的员工因不发工资，举行了大罢工。在这个时候，街上发生一场伤人案，裁缝店的莱斯夫人被人打成重伤，昏迷不醒。警方在现场逮捕了两个嫌疑人，一个是典当行职员卫斯理，一个是衣服店伙计艾维斯。两个人都向警方陈述了自己的供词，指认对方是伤人者。

卫斯理说："我今天不用上班，乘公交车去健身房健身，在中途转车的车站下了车，突然听到拐角处有尖叫声，便冲过去，看到艾维斯正在与莱斯夫人厮打。我看他拿着棍子，不敢上前，便报了警。"

艾维斯说："我本来是要为一位顾客送衣服的，走到街上时，突然听到前面拐角处传来女人的一声尖叫。我立刻跑过去，看到莱斯夫人倒在地上，卫斯理正仓皇逃跑。我没有追上他。"

警方听了二人的供词，立刻锁定了案犯。你知道案犯是谁吗？

030. 雪夜谜案

一场大雪覆盖了整个小镇，就在下雪的当晚，镇上的一家珠宝店遭遇了抢劫。很快，警方锁定了一名嫌疑犯，他是个单身汉。清早，两名警员来到单身汉的住处，这是间普通的租房，比较简陋，外面的屋檐上挂着几条冰柱。

警员问单身汉："昨天晚上，你在哪里？"

单身汉说："我这两天去了A城的姐姐家，今天早上才回来，家里一直没有人。"

警员看了看外面屋檐下的冰柱，说："你在撒谎？"单身汉真的是撒谎吗？破绽在哪里？

031. 老人与鸟

在一栋小楼里，一位独居的老人离奇失踪了。邻居甲说，老人可能去了远方亲戚家；邻居乙说老人已经没有了亲人，肯定遭遇了什么不测。在老人的房后有很多鸟笼，小鸟们依然在笼子里欢唱。据说，这位老人特别喜欢鸟，把鸟当成自己的孩子一样养。你觉得老人是自己离开了家，还是发生了什么意外呢？

032 富翁的保姆

　　某天下午，富翁迈阿德先生在自己的别墅里遭遇了袭击，据说他在卧室休息时被人用棍子打伤，人已陷入昏迷。报案的是她的保姆麦可小姐。警长菲利比救护车更早赶到现场，房间里一片混乱，地上扔着一副手套，还有几张废纸，废纸上有几滴奶茶的痕迹。保姆麦可小姐有些吓坏了，菲利来到后，她慌乱地讲述了事情的经过。当天下午，迈阿德一共会见了3个人：2点40分见的科尔先生，3点30分见的他的大儿子莫顿，4点20分见的苏姗小姐。麦可还说，苏姗小姐进来后，要了一杯香草味的奶茶，是她亲手为苏珊小姐准备的。没想到，苏珊小姐走后，她进来为迈阿德先生送茶，却发现先生倒在沙发上，昏死过去。

　　警察在迈阿德先生卧室的纸篓里找到了那个被丢弃的奶茶杯，上面的确有苏姗的指纹。但警方对杯子进行再三检验后，传讯了麦可，认定她是真正打伤买阿德先生的凶手。

　　这是怎么一回事呢？

033. 夜里枪声

一天夜里，花园小区突然传来一声枪响，人们闻声赶到小区后门，发现保安雷斯被打中了腿部，幸好没有生命危险。警长卡顿立即赶到现场，经过调查，锁定甲、乙、丙三人为嫌疑人，他对这3个人进行了单独审问。

甲说："我当时正在修车，因为天黑了，我拉了一盏灯在车库里，插上电源便打开灯修车。就在这时，小区后门那里传来枪声，我就赶快跑出去了。"

乙一瘸一拐地走到卡顿面前，说道："我把车停在车库里，往外走的时候，被地上的电缆线绊倒了，脚崴伤了，我就坐在地上揉脚腕。大约5分钟后，我听到了枪声，就急忙站了起来。"

丙说："当时我买了杯冰淇淋，走到车库门口的时候，听到里面有声音，就往里看了一眼，什么也看不见。我就坐在树下的摇椅上吃着冰淇淋乘凉，几分钟后听到了枪声。"

为了检验他们说的话，卡顿仔细检查了小区车库和丙所说的树下的情况。在树下的摇椅上发现了半杯融化的冰淇淋，在车库门口的地面上，他看到了电线插头已经被扯出了插座，电线连接的灯还悬挂在甲已经打开的汽车引擎盖上。

检查完后，卡顿指着甲说："你说的全是假话，作案者就是你。"

你知道卡顿为什么一口认定甲就是行凶之人吗？

034. 逃跑的方向

　　夏夜，两名罪犯向一片稻田逃去，警察在后追赶。但在追赶到河岸旁时，地上没有了罪犯逃跑的痕迹，不知道罪犯是向左逃了还是向右逃了。警长罗尔侧耳听了听河岸左右两个方向的动静，便指挥属下跟他一起向左方追去，很快就将罪犯抓捕归案。你知道他是怎么判断罪犯逃跑方向的吗？

035. 狡猾的飞行员

　　"警官，我朋友在飞行途中自己打开舱门跳了出去，他把一封遗书放在了椅子上。"一个飞行员对警察说道。警察问："你朋友的遗书呢？"飞行员把朋友的遗书递给警察，警察打开遗书，看到死者在信中说因为得知自己身患重病，觉得生无可恋，趁和这位飞行员朋友出去旅行之机，准备在飞机上打开机舱的门，跳机轻生。警察把遗书拿在手里，然后又去飞机的座舱看了一眼，便逮捕了飞行员。警察为什么要逮捕飞行员呢？

036 窗户上的人影

夜晚，瑞纳先生坐在家里看书，被人用重物袭击头部，身受重伤。当时，书桌上亮着台灯，瑞纳先生背后的窗户是紧闭的。警方接到报案，很快派人来勘察现场。报案者是瑞纳先生的表弟皮克，他是暂住在这里的。皮克说："我当时在表哥的房间外经过，刚好看到窗户上有个可怕的人影。我吓得大叫一声，可是等我从外面跑进房间时，人影已经不见了，表哥倒在地上，所以我就赶紧打电话报警，并叫了救护车。"一名警员听了皮克的话后，又看了看靠在窗户对面的书桌，便说："好了，别再撒谎了，跟我们走一趟吧。"警员是怎么知道皮克撒谎的呢？

037. 计谋失算了

一位庄园主收藏了一枚世上罕见的钻石，一伙盗贼想要盗取钻石。钻石放在塔楼的密室里，塔楼戒备森严，周围还拉着高压电网，想要躲过警卫，进入塔楼可不是容易的事。于是一名盗匪想出一个主意，说："到下雨的晚上，那些警卫肯定都要躲到监控室内避雨。监控室的墙壁上有个换气扇，我们只要想办法把那个换气扇卸下来，把叶片倒过来安装，再换到监控室上去，这样换气扇就会把室外的气体吸进室内。我们只要在外面释放麻醉毒气，毒气就会通过换气扇进入室内，那些警卫就会因吸入毒气而晕倒，这样我们就有机会下手了。"大家都觉得这个主意好。但结果，他们换了换气扇后，计划还是失败了。你知道是为什么吗？

038. 消失的子弹

一桩枪杀案案发现场，警长仔细检查了被害人的身体，发现子弹穿过她的胸膛，但是体内没有留下子弹，后背上也没有子弹穿过的痕迹。警长怎么都想不通，这子弹到哪儿去了呢？为什么会消失呢？第二天，警长就找到了答案，你知道子弹在哪里吗？

039. 撒谎的帕特

几个女孩为了凑够为学校买体育用品的钱，约定星期天到街上卖报纸。到了这一天，凯西、丽莎、珍妮和杰西卡都如约前来，只有帕特迟迟未到，她们给帕特家打电话，但电话没人接。几个女孩等不到帕特，便分了报纸到街上去卖。一个上午，因为当地高压线路损坏，整个市区停电，许多人都到街上来逛，所以几个女孩子的报纸也卖得相当快。几个小时之后，市区才来电，凯西她们的报纸也卖完了，几人一起到凯西家休息。这时，帕特却来了。凯西问她："你怎么现在才来，上哪儿去了？"帕特说："我一直在家啊。早上起来头有点晕，忘记我们的约定了，现在才想起来。你们怎么不给我打电话啊？"凯西说："我们打了，但是你没接。"帕特听了说："哦，我上午洗了头发，可能是我在用吹风机吹头发时你们打的电话，所以我没听到铃声。"凯西听了之后，说："算了吧，你不想来就直说，干吗还要撒谎？"凯西为什么知道帕特撒谎呢？

040. 大丽花的背后

一天，乔斯和妹妹露娜一起看电影，乔斯看到画面中一个女人手握着一朵大丽花昏倒在房间里，他问妹妹："这个女人为什么要拿着一朵大丽花呢？"露娜说："警察找不到其他线索，只有这朵花是线索，我想这朵花一定有问题。"乔斯继续看电影，听到里面的警察在判断这个案子，说有两种情况：一种是与他人起争执，被伤；另一种是遭人背叛，然后起了争执，被人打伤。露娜笑着说："肯定是第二种。"乔斯问："你为什么这么肯定？"露娜就把自己判断的依据告诉了哥哥，乔斯听了点点头。果然最后警察查明真相，和露娜猜想的一样。你知道露娜的依据是什么吗？

041. 目击证人

两名警察在追捕一名逃犯，当追到一条河的小桥上时，没有了逃犯的踪迹。于是，警察们向附近的村民打听消息，问有没人看到过那名逃犯，可是来往的人都说没看见。正在警察发愁之时，一人划着小船从远处向小桥驶来。他提供了这样的证词："刚才我向桥下划来时，看到一个男子站在桥上，跳进了河里。会不会他就是逃犯，畏罪自杀了？而河水流得又急，大概找不到他了。"其中一个警察听了，揪住这个人说："你是那个逃犯的同伙吧？"这名警察是凭什么判断的呢？

042. 假证词

在某一天的深夜，珠宝店发生一起抢劫案。警方找到一名目击证人，该证人是一位退役的跳水运动员，他说当时他正站在自家临街的阳台上（阳台距离街面约60米），看到一名男子拎着一个大袋子从珠宝店里出来，马上迅速逃跑。在月光下，他还看到那个人是个长头发，左眼眼角处有一道轻微的刀疤。根据这名证人提供的证词，警方很快找到附近一个叫派克的男子，派克的外貌特征与证人所说的证词相似，更重要的是他最近发了一笔横财，钱财来路不明。可是，警方多次审讯派克，派克都坚称自己是冤枉的。因为迟迟不能结案，警方不得不重翻当初那位退役跳水运动员的证词，这才发现了破绽，原来这个证人提供的是假证词。你知道破绽在哪里吗？

043. 警长断案

在树林深处，警方发现一辆废旧轿车，轿车里竟然藏有一件博物馆失踪已久的宝物。当时正值秋天，道路上铺满了落叶，而车顶上也落有一两片树叶子。一名刑警说："一定是盗窃犯无法销赃，就无奈把车子和宝物扔在这里了。看车子这么旧，时间也应该很久了。"而警长看了看四周，说："不，盗窃犯应该刚离开这里不久，他一定别有目的。大家仔细搜寻，一定能找到线索。"警长为何下此论断呢？

044. 沙滩上的椰蟹

一个夏日的午后，某海滩聚集了不少前来旅游的人。在沙滩上的椰树林里，有人发现一名男子靠在椰子树下，头部受伤，已经昏迷不醒了。沙滩附近的警察接到报案，马上赶到椰林。在救护车到来之前，他们仔细检查了现场，发现男子的头部刚刚遭到重击，他身旁有一个滚落的椰子，地上也有大椰蟹爬过的痕迹。游客们都认为这是个意外，很可能是大椰蟹爬到树上，用大螯剪掉了椰子，而椰子正好砸到在树下睡觉的男子头上。但是，警长看了看地上留下的椰蟹的痕迹，说这并不是意外。为什么他会这么说呢？

045. 雪崩

3名登山队员一起攀登雪山，不料遇到雪崩，一名队员不幸遇难。发生雪崩时，另两名队员都没和死者在一起。警长卡罗尔勘察了现场，发现雪崩发生在山体上半部，而遇难者正好在雪崩下方，所以被埋在了雪下面。另两名队员都说，他们之前都没听到雪崩的声音。但其中一名队员反映，他们携带的录音机不见了，那里面有一盘交响乐磁带。卡罗尔想了想说，这不是意外，而是有人蓄意谋害。为什么克罗尔这么说呢？

046. 扇子

在北方的一个小镇上，有个商人长期在外做生意，很久都没有回来。四月的一天，他的妻子意外失踪了，人们怀疑她可能遭遇了不测。该女子失踪那天晚上，天正下着雨，有人在她家门口捡到了一把扇子，上面写着"克莱尔"这个名字。镇上的人都知道克莱尔人品很差，所以都认为他与商人妻子的失踪有关。克莱尔被警方抓起来，因为受到刑讯逼供，他也承认是他绑架了商人妻子。可是，因为一直找不到商人妻子的下落，所以迟迟不能结案。后来，一名新的警长上任，才知道本案冤枉了克莱尔。为什么说克莱尔是被冤枉的呢？

047. 因电失火吗

一天夜晚，一家公司的财务室突然起火，部分账簿被烧毁。当时在场的会计阿里特向警方陈述说："办公室内的电线暴露出来，走了火，引发了火灾。幸亏我及时提来水，把火扑灭，才没有导致更大的损失。"警官问："你确定是电线走火，引发的火灾吗？"会计说："确定，因为室内没有人抽烟。"警官马上道："这么说，肯定是你在撒谎了，想必这场火灾与你有关系吧？"警官为什么会这么说呢？

048. 珍贵的瑞香花

　　独居的摩格先生在自己家的后园里养了一种灌木植物，名叫瑞香。这种植物开出的花非常漂亮，也相当珍贵，摩格对这些花爱如珍宝。

　　可是一个月前，摩格要出门看望一个亲戚，临行前，他把家里的钥匙交给邻居罗尔太太，请她帮忙照看自己后园里养的那些植物，尤其是珍贵的瑞香，他还把各种植物的照料方法都一一告诉了罗尔太太。一个月后，摩格先生回到家，看到罗尔太太正和一群警察在自己的后园里，而自己珍爱的那些瑞香都不见了。只听罗尔太太对警察说："我这一个月都在照看这些植物，每天都给瑞香花浇水，让它开得比原来更艳丽，没想到昨天它们却被人偷走了。"听了这些，摩格先生冲上前去，对罗尔太太说："太太，你别撒谎了。我请你帮忙照看我的瑞香花，没想到你却偷了它们！"为什么摩格先生会这么说呢？

049. 戒指不见了

有一个喜爱收藏的收藏家，收藏了一枚非常名贵的戒指。他把戒指放在了一个重达100多公斤的瓶子里，这个瓶子口很窄，想搬走这个大瓶子也绝非易事。收藏家为了安全起见，还把房间里面设置了机关，如果有人搬动瓶子，就会发出报警声。可是，不久，收藏家发现戒指不见了。警察接到报案后，询问收藏家："最近有谁进来过这个房间？"收藏家说："有3个人：管家、保安、清洁地毯的小时工。"警察笑了一下，说："我知道嫌疑人是谁了。"你知道吗？

050. 嫌疑人的破绽

连续下了好几天的大雪，温度降到零下十几度。警察在一桩绑架案现场，询问嫌疑人不在场的证明："你昨天晚上10点的时候在哪里？"这位独身的男子说："大约8点，我家的电视发生短路，然后停电了，我只好等天亮了再去修理，就先休息了。今天你们来之前的半个小时，我才把电路修好。"但警察只看了一眼门口处的鱼缸，鱼缸里面游动着热带鱼，便发现了他的破绽。

你知道破绽在什么地方吗？

051. 谁是抢劫犯

一天，两个人争执一块手表，二人都说手表是自己的，对方是抢劫犯。警察拿过手表问："这是什么牌子的手表？"两个人同时说："是上海牌的。"警察拿着那块表，只做了一个简单的动作，就断定了两人谁是抢劫犯，你知道警察做了什么动作吗？

052. 间谍

一个德国男人被捕了，他被怀疑是敌国派来的间谍。在他住的宾馆，警方搜出了许多氨基比林药片和牙签。警长亲自审问这名嫌犯：

警长："你为什么会带那么多氨基比林药片？"

嫌犯："因为我常常头痛，这种药片能帮我缓解头痛，减轻痛苦。"

警长："那些牙签是干什么用的？"

嫌犯："当然是剔牙了。我牙齿不好，吃东西爱塞牙，所以每天都要用牙签。"

但是，经警方多方观察，这名嫌犯的头痛并不是经常发作，而且也没有饭后剔牙的习惯。于是，他被关进监狱，判了重刑。你觉得警方判断有误吗？

053. 报案者

某公司遭遇抢劫，警局接到报案后，很快派来两名警察。报案者说："晚上我在值班，突然间断电了，一伙人冲了进来，他们直接冲进财务室，撬开了保险柜，拿走了里面的3千万美金。他们走后，我就马上报警了。"警察问："当时你在什么地方呢？"报案者说："我当时看见有很多人，就躲在自己房间的一个桌子下面。"警察又问："这些人都长得是什么样子？"报案者说："他们一共是8个人，为首的那个留着长长的胡须。因为他们当时拿着手电筒，当光线从门缝里射进来时，我借着手电筒的光看了一眼……"警察听了，立刻说："住口，你说谎的本领也太差了吧！那个盗贼就是你！"警察为什么要这么说呢？

054. 偷古币的小偷

有个小偷将偷来的一张古币藏在了房间里面，警察在接到失主的报警后，马上找到了小偷的家里。警察在房间里开始搜索，房间里除了在工作的电风扇外，还有一张床、一张桌子、一个衣柜，警察没有找到古币。据邻居说，小偷的房间从来没有人进来过，也没有看到小偷出去过。也就是说，他没有进行赃物转移。那么，古币藏在了哪里？后来，警察再次搜查时，才找到那枚丢失的古币。你知道小偷把古币藏在哪里了吗？

81

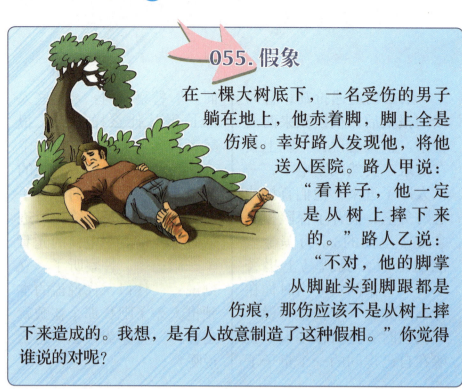

055. 假象

在一棵大树底下，一名受伤的男子躺在地上，他赤着脚，脚上全是伤痕。幸好路人发现他，将他送入医院。路人甲说："看样子，他一定是从树上摔下来的。"路人乙说："不对，他的脚掌从脚趾头到脚跟都是伤痕，那伤应该不是从树上摔下来造成的。我想，是有人故意制造了这种假相。"你觉得谁说的对呢？

056. 月圆之夜

一条小河从东向西流过某国一个小镇，小镇位于北纬29度以北。在一个月圆之夜，镇上发生了一起盗窃案。案件发生在夜里10点左右，警方很快锁定了一名女嫌疑人。嫌疑人大喊冤枉，说案发时自己根本就不在现场。审讯开始了：

嫌疑人："因为白天没时间，所以那个时候我在河边给家里人洗衣服。"

警方问："那你是在河岸的哪边洗衣服呢？"

嫌疑人："我在南岸，当时圆月当空，河面上映出的月亮很美。"

根据嫌疑人的回答，警方马上确定她就是案犯。你知道警方的依据是什么吗？

057. 毛玻璃的秘密

甲、乙、丙3个人的办公室在一起连着，中间是用毛玻璃隔着的，这种毛玻璃一面粗糙，一面光滑，让人无法透视，平时各自的门都是锁着的。一天乙的钱包丢了，是他出去时忘记了锁门。警方很快就把嫌疑犯锁定在甲和丙之间，警察仔细地观察了两块毛玻璃，右边办公室的毛玻璃光滑面不在乙办公室这一面，而左边的毛玻璃光滑面在乙的这一面，警察马上判断出左边的甲就是小偷。你知道警察的依据是什么吗？

058. 捉小偷

一日深夜，某商店出现小偷，有人与小偷发生搏斗。后来，有个人受伤了，直接来到一家诊所救治。他背部受了伤，医生帮他清洗、包扎了伤口，并给他换上干净的衣服。这时，一名警长带着一个目击者也来到诊所。目击者看到先前进来的那个人，喊道："就是他，他就是小偷！"受伤的人说："我不是小偷，我是听说有小偷才跑出去，结果不小心摔倒才受伤的。"目击者说："你背部有伤，说明你就是小偷！"在一旁的医生看到这一切，对警长说："我敢肯定，他应该不是小偷。"那么，小偷是谁呢？

059. 说假话的警察

有个爱吹牛的警察，自称是办案经验很丰富。一天，他吹道："一次，我坐在河边休息时，望着河面的水流，发现有个人在我身后拿棍子来打我，幸亏我当时在河的水面上看到了他的身影，赶紧转回身，拿起鱼竿把他打倒在地，最后他逃跑了。"听完他的话，一个人问他："即使你是个经验丰富的警察，这种事也不可能发生吧？"你知道这个人为什么要怀疑警察吗？

060. 合同上的破绽

一名英国富翁是某家大公司的老板，在与另一家公司洽谈生意时突然离世。正当公司的员工不知道是否还要与另一家公司合作时，富翁的秘书拿出一份合同，说老板在离世前就把合同签好了。合同上有署名

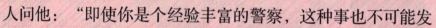

和日期，署名与老板的笔迹一致，日期是"2/13, 2012"。大家觉得可以履行合同了，可是一个职员拿过合同看了看，说："这份合同不是真的，应该是有人伪造的，伪造者可能是个美国人。"你觉得他为什么这么说呢？

061. 海伦的谎言

一幢大楼里发生了盗窃案，警察在现场勘查时，打扫该楼层的清洁工海伦说："我听到房间里有声音，就悄悄地走到门口，透过门上的锁孔向里面看去，只见有个高个子男人一手拿着一个锤子，另一只手拿着一个袋子，从右边的房间里出来，然后从窗户逃跑了。"警察听完后，马上做出判断：清洁工海伦说的是假话。你知道警察为什么会下这样的判断吗？

062. 窗上的雾气

伍德先生家失窃了，家中所有的贵重物品都被人洗劫一空。警方锁定了3个嫌疑人，他们都是伍德的邻居。邻居甲说案发时他根本不在家，邻居乙说案发时他在家睡觉，没听到什么动静。邻居丙说："案发时我正好在伍德家门外散步，因为听到房子里面动静很大，就上前来看伍德先生是否在家。当时，因为天气冷，窗户上都结了雾气。我擦掉窗上的雾气，看到了两个蒙面人正在里面搜东西。因为我当时太害怕了，所以没及时报案。"警方听完邻居丙的陈述，立即将他逮捕了。你知道是为什么吗？

063. 帐篷里的草

　　警察在山里面追一个失窃案的嫌疑犯，正值夏天，到处都是碧绿一片。在一座大山后面，警察找到了一个帐篷，发现帐篷里有可疑物品，与失窃案有关。警察准备逮捕帐篷的主人，但此人却说自己在这里住了好几个月了，根本就没有到别的地方去过。但警察指着帐篷底下的绿草说："你太不会撒谎了！"请问，警察看出了什么破绽？

064. 门铃

　　警长在审问嫌疑犯艾达。警长问道："周末晚上，你一直一个人待在家里，是这样吗？"

　　艾达："对。"

　　警长："可是，附近的邻居说那天晚上8点左右去你家时，你住的别墅里面是一片漆黑的，按门铃也没有人应答。"

　　艾达："怎么可能？我一直都在家。在快要8点时家里突然断电了，因此，门铃没有电也就不响了，我也没有注意到有人来过。"

　　可是，警长还是识破了艾达的谎言。你知道破绽在哪里吗？

065. 防盗玻璃

有个珠宝商喜欢把珠宝放在收藏室里，他的收藏室四周都是用防盗玻璃组成的，子弹也打不破。可是有一天，珠宝商发现自己的收藏室玻璃被打碎了，许多珍宝也被盗了，他马上报了警。警察赶来后，仔细检查了现场，确定这些碎玻璃确实很坚硬，子弹穿不透。到底是谁，用什么工具打坏了这些玻璃呢？案情陷入了僵局。后来，一个警员根据防盗玻璃的特性，找出了罪犯。那么你知道罪犯是谁吗？

066. 被困地下室

一名高个子警员和一名矮个子警员在追捕逃犯时，中了逃犯的计谋，被困在了地下室里。"老大，怎么办？"矮个子警员非常着急。高个子警员说："别慌，一定有办法。"他看到墙上有扇窗户，人倒是能从窗户爬出去，但是窗户距离地面很高，一个人根本够不到。房间里又是空空的，没有其他东西。两个人想了想，决定用叠罗汉的办法爬上去。可是，由于小个子警员个子矮、胳膊短，他站在上面还是够不到窗户，差了一点。怎么办呢？高个子警员又想了想，换了一种方法，就让两个人都离开了地下室。你知道他是怎么做的吗？

067.列车上的意外

　　深夜，一辆特快列车在行驶过程中因故停车，因为司机刹车过急，导致车内许多乘客摔倒。事后，一位旅客声称，在列车急刹车时他正在卧铺车厢熟睡。因为夏夜炎热，车厢是开窗通风的，下铺风大，他睡在中铺。而急刹车把他甩出了铺位，他一头撞在茶几上，撞成头骨骨折。因此，他要向列车所属铁路公司索赔10万美元的赔偿费，并出示了一张医院开的诊断书。铁路公司怀疑这张诊断书是假的，于是请名侦探洛比帮忙。洛比听了铁路公司负责人的叙述之后，便说："放心吧，你们不会有麻烦的。"为什么洛比会这样说呢？他的理由是什么？

068.罗美和牵牛花

　　罗美很喜欢牵牛花，她独自一个人去野外拍牵牛花，却遭到了歹徒的暗算。警察在案发现场勘察时，看见了掉在地上的照相机，里面有几张盛开的牵牛花照片，警察很快就推断出了案发时间。在案件侦破后，证明警察的推断是正确的。你知道警察推断的依据是什么吗？

妙趣科学篇

001. 能否安全过桥

一个人带着两个大铁球来到一座独木桥前。这座独木桥只能承受一个人和一个铁球的重量，要怎样一起安全过桥呢？这个人恰好会些杂耍技术，他想在过桥时只要把两个铁球轮流抛起来，就可以保证在整个过桥时间都只有一只铁球在手，这样就能安全过桥了。你认为他的办法可行吗？

002. 前进还是后退

一辆自行车停在地上，前后两轮都着地，两只踏板一只在上，一只在下。这时，如果在靠下的那只踏板上系一根绳子，并用力向后拉绳子。那么，自行车会向前移动还是向后移动呢？好好想一想，不要急着回答。

003. 辨真假

一位老先生是个古董收藏家，他喜欢买各种各样的古代器皿。一天，他在古董店里看见了一个瓷器花瓶，在花瓶的底部印着公元前四十一年造，这位老先生一眼就看出了花瓶的真假。请问你知道他是如何看出来的吗？

004. 影子哪里去了

布兰德是一位海员，有一次航海归来，他向朋友们谈起航海中遇到的怪事。他说，他的航船在绕过非洲南端向欧洲航行途中，半年里有3次他站在甲板上，阳光照耀在他身上，但是他却没有发现自己的影子。他不明白，自己的影子到哪里去了？聪明的小朋友，你知道这是怎么回事吗？

005. 哪个流得快

丽莎家的后园内有一个很大的蓄水池。蓄水池有两个出水口，一个在底部，连接地下的管道，一个在西面的池壁上，距离池底有一段距离。现在问题来了，如果同时打开这两个出水口，那么哪个出水口水流的速度会更快一点呢？不用考虑摩擦、风向等复杂因素。

006. 温泉和冷泉

一座山上有6个山泉，泉水有的是温的，有的是冷的，且两两由通道相连，共分3组，其分布情况如右图所示。所要提的问题是，如果游客走进了温泉，那么与它相连的是温泉的可能性大，还是冷泉的可能性大呢？

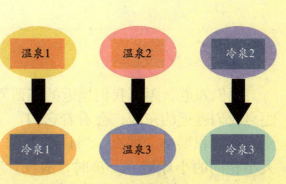

007. 狗和红布

有个人吹嘘自己的狗有多么能干，他说有一次他摔倒在山路上动不了了，他的狗发现不远处的树枝上挂着块大红布，就冲过去叼起红布，并跑到高处不停地摇晃。终于山下有人发现了摇动的红布，走到山上来救了他。他刚说完，旁边便有个人说："你别撒谎了，这事是你自己编造的吧？"为什么这个人会认定他是撒谎呢？

008. 古币赝品

一位古董商在拍卖一枚古罗马硬币，他声称这枚硬币非常古老，是在英国一个贵族墓地挖掘出来的。硬币上印着古罗马统治者凯撒大帝的肖像，上面标明的铸造年代是"公元前45年"。一位考古学家只看了一眼这枚硬币，并没有上前仔细鉴定，便说这枚硬币是赝品，不是真的古币。你知道考古学家是怎么判断的吗？

009. 远近和大小

我们知道，距离我们越近的东西看着越大，而距离我们越远的东西，会看着它们比实际体积要小。那么，当许多个大小相同的小球排成一排时，有没有办法让距离越近的小球看着越小，而让距离越远的小球看着越大呢？

010. 青蛙和鸟

　　两个人在一起谈天，其中一个说："前两天，我看到一只青蛙从井里爬上来。"另一个说："青蛙从井里爬上来有什么奇怪？我看到过一只鸟从一口枯井里飞出来。那口井很深，鸟飞走后，我特意搭梯子下到井里去看，发现井底有很多虫子。原来，那只鸟是飞到井底吃虫子，吃饱了之后又飞上来的。"前一个人瞪大了眼睛，不知道他说的是真的还是假的。你认为呢？

011. 元旦远航

　　两个远航归来的朋友相见了。朋友甲说："我年前离开广东，向东航行，前往美国的洛杉矶。当我到达目的地的时候，已经是年后数天了。有意思的是，我在海上连续过了两个元旦。"

　　朋友乙说："我和你的航线恰恰相反。我是年前从洛杉矶出发，年后到达了广东。不巧的是，我没有赶上过一个元旦。"仔细想一想，你觉得他俩说的情况有可能发生吗？

012. 北极旅游

　　一位男子向同伴们吹嘘，说自己去年的今天正在北极旅游。为了证实自己的话，他说当天他从收音机里收听了北极当地的天气预报，预报说："目前正在下雪，雪将在夜间停止。24小时后，太阳会出来。"他刚说完，一位同伴笑道："恐怕你根本没去过北极吧？"你知道这位同伴是依据什么判断的吗？

013. 静止不动的铁球

一个人把一个5公斤重的大铁球放在胸前，然后松开了手。奇怪的是，铁球竟然没有下落，而是在原地静止，一直停留在这个人的胸前位置。并且，铁球没有用其他任何物体来支撑，人和铁球也没有进入太空，仍然留在地球上。你觉得这种情况可能吗？为什么？

014. 树根和树梢

一位国王要嫁女儿，许多国家的王子前来应征，都想娶美丽的公主为妻。国王叫人抬来几块大树直接劈成的板条，然后，他指着这些木头说："这些木条的两头宽度和厚度都是一样的，谁能分辨出哪头是树根，哪头是树梢，我就把公主嫁给谁。"各国王子一看那些木头，都面面相觑，不知如何办好。这时，一位英俊的邻国王子上前，讲出了他的办法。国王非常满意，就把公主嫁给了他。你知道这位王子的办法是什么吗？

015. 智捉毒虫

一位家庭主妇发现一只毒虫钻进了卧室墙壁的缝隙里。她怕毒虫爬出来会伤到家人，想捉住这只虫子，但又不想把它杀死，更不想墙壁遭到破坏。当时已是深夜，她该怎么办呢？这位主妇想了想，取来两样东西，很快就把毒虫捉住了。你知道她取来的是什么东西，用的是什么办法吗？

016. 水位的变化

　　瑞克在实验里拿来一个U型管，他把水倒进管里，如右图所示。然后，瑞克把大拇指放在U型管的一端，堵住开口，再倾斜另一侧，使管中的水接触到自己的大拇指。之后，瑞克紧紧压住大拇指，使U型管的这端近于封闭。当瑞克重新直立起U型管时，神奇的事情发生了，管中的水并没有回复原状，而是一端保持与瑞克的大拇指接触，如图2所示。瑞克的妻子惊叫起来，她不知道为什么水位会不在同一个水平面上。你知道这是为什么吗？

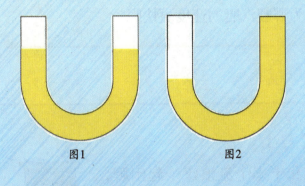

图1　　　　　　　　　　图2

017. 载箱子的货船

　　一轮满载箱子的货船开到了港口，由于时间匆忙，船工没有系好缆绳就开始卸货了。两位船工在船尾各搬起一个箱子，由于箱子不算太重，里面的货物又不怕摔，他们就把箱子抛向了岸上的接货人。可是这样下去，会发生什么事呢？他们能安全卸货吗？

018. 哪个汽艇快

有几个学生一起去春游，他们来到湖上乐园，分成两组后，便各乘坐一个小汽艇到水上去玩。已知，1组乘坐的是汽艇甲，2组乘坐的是汽艇乙。看看两艘汽艇后面荡起的波浪夹角，你认为哪艘汽艇的速度更快呢？

019. 大力士

里克和十来个流浪汉一起闲聊，他自夸地对大家说："我的力气很大，能够以一当十，你们信不信啊？"其他人都哈哈笑起来，都说里克在吹牛。里克笑着说："不信，我们就来试试。"他走到墙边，双手顶住墙壁（如图所示），然后让其他流浪汉从背后一个接一个地用力推他。结果，他真的把这些人都顶住了，谁也没把他推到墙上去。实际上，里克和他身后的每一个流浪汉力量是差不多的，他为什么能顶住这么多人呢？

020. 会移动的火

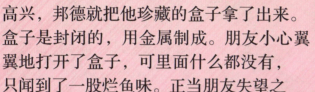

邦德最喜欢开玩笑。一天，他把一位朋友邀请到家里来，说他有一个神奇的盒子，里面装着神奇的东西，让朋友亲自打开来看看。朋友非常高兴，邦德就把他珍藏的盒子拿了出来。盒子是封闭的，用金属制成。朋友小心翼翼地打开了盒子，可里面什么都没有，只闻到了一股烂鱼味。正当朋友失望之时，盒子里"腾"的一下，他眼前突然出现了一团火。朋友大惊，拔腿就跑，可那团火却紧紧跟着他，他跑到哪里，火就跟到哪里。朋友吓得大叫，邦德却得意地笑起来。你知道这火是怎么产生的吗？它为什么会跟着邦德的朋友跑呢？

021. 收音机的声音

有一台收音机，音质良好。现在把收音机的音量调到最大，然后把它放进加盖的塑料桶或纸盒里，那收音机的声音听起来会变大还是变小呢？如果把收音机放进带盖子的铁盒里，收音机的声音又会怎样呢？学生甲说："放进塑料桶或纸盒里，声音听起来会稍微弱一下。如果放进铁盒子里就完全听不到声了。"学生乙说："不管放进什么盒子里，都会听到收音机的声音，只是声音会变小而已。"你认为谁说的对呢？为什么？

022. 瓶中的蜡烛

　　有4个大小一样的广口玻璃瓶，在第一个瓶子里放上一根长蜡烛，第二个瓶子里放一根短蜡烛，第三个瓶子里放一根长蜡烛和一根短蜡烛，第四个瓶子里放上一根长蜡烛，但瓶中加一些水。如果同时点燃这4个瓶子里的5根蜡烛，并把瓶口封上，那么哪根蜡烛会先熄灭，哪根蜡烛会最后熄灭呢？好好想一想吧。

023. 铁棒和磁棒

　　芬妮给大家出了一个难题：有两根金属棒，一根是具有磁力的磁棒，一根是普通的铁棒，两根棒的外表一模一样，如何只用这两根棒，不借助其他工具，就能分辨出哪根是铁棒，哪根是磁棒呢？格林说："这简直太难了，根本没办法区分嘛。"可是，卡罗尔想了想说："我有办法了。"他拿起一根棒来一试，果然就知道了答案。你能猜出他用的是什么办法吗？

024. 哪个杯子重

有两个完全一模一样的烧杯，一个杯子里装满了水，一个杯子里除了水之外，还放了一块冰块。放入冰块的杯子水面刚好与杯缘齐平，也是满的。现在，把两只烧杯放到一架天平的两端，那么，哪个杯子会重些呢？如果给放冰块的杯子加热，让冰块融化成水，那么天平会有变化吗？它会向哪一方倾斜？先不要着急回答，仔细想一下吧。

025. 安全过桥

有一座2米长的小木桥，载重量是80千克。贝克和波波拉各提一桶油来到桥旁，两人的体重都是65千克，一桶油的重量都是18千克，也就是说，一个人加上一桶油的重量超过了80千克。如果人提着油强行过桥，有可能让木桥折断。不过，贝克和波波拉想了一个好办法，不但人安全过桥，连两桶油也都一滴不洒地过了桥。你知道他们想的是什么办法吗？

026. 三只水杯

有3只一模一样的水杯，各倒满一杯热开水。现在，把3只杯子分别放在不同的碟子上，水杯甲放在木碟上，水杯乙放在瓷碟上，水杯丙放在铁碟上。问题来了，这3只水杯中的水哪个会凉得快一些，哪个会凉得慢一些呢？还是这3杯水温度下降的速度快慢一样？

027. 热水洗汗衫

　　天气好热啊，吉布脱下沾满汗水的衬衫，打算洗一洗。他在水盆里倒了一些凉水，突然想到热水的去污能力比冷水强，于是又在盆里加了不少热水，才把衬衫放进去。他很高兴地洗起来，觉得这样肯定会比用冷水洗得更干净。但是，结果会如何呢？你觉得吉布的衬衫能洗干净吗？

028. 小狗称体重

　　戴安娜养了一只活泼可爱的小狗，眼看着小狗越长越大，越长越肥，黛安娜非常想知道小狗有多重了。于是她抱着小狗来到体重计前，要给小狗称一称体重，可是把小狗放到体重计上后，他不停地跳上跳下，一刻也不停，体重计的指针来回抖动，根本无法确切称出小狗的体重。这可怎么办呢？你能帮戴安娜想个好办法吗？不能把小狗绑起来，更不能把它杀掉。

029. 阳光下的灰尘

　　埃文娜发现一个奇怪的现象，她在家帮妈妈大扫除的时候，阳光从窗户处照进来，借着光线，她看到窗口处有好多灰尘啊，那些小颗粒到处飞舞。可是，为什么屋子里其他地方看不到灰尘呢？难道只有窗户处有灰尘聚集吗？肯定不是的。那为什么灰尘只有在窗口处光线照进来的时候才能看到呢？你知道这个问题该怎么回答吗？

030. 摆动的小锁

凯蒂有两只小铁锁，一天她用两根同样长的绳子拴住小锁，又把两只小锁都拴到一个木架子上（如图所示）。两只小锁保持一定距离，绳子的长度相同。当凯蒂轻轻拨动其中一个小锁，让这个小锁自由摆动起来之后，那么另一个小锁会怎么样呢？它还会静止不动吗？

031. 哪个球先落地

如果把一大一小两个铁球（一个重10公斤，一个重1公斤）同时从高楼上扔下来，哪个球会先落地呢？你大概会以为是重的那个吧。先不要着急回答，看看下面的故事。1590年的一个早上，大科学家伽利略登上了比萨斜塔，他手里拿着两个铅球，一个重10磅，一个重1磅。随后，他松开手，两个铅球同时被从塔上抛出。周围的那些老教授们都以为重10磅的那个球会先落地，他们在等着看伽利略的笑话。但结果却让他们目瞪口呆，他们看到的情况是两个铅球同时落地。为什么会这样呢？你能给解释一下吗？

032. 捏鸡蛋

哈里拿出一枚鸡蛋，问伙伴们谁能把鸡蛋捏破。身强力壮的尼克拿过鸡蛋，笑笑说："这还不容易，看我的。"他把鸡蛋握在掌心里，拼命用力，可是无论他怎样使劲，最后脸都憋红了，鸡蛋还是安然无恙。哈里把鸡蛋拿过来说："哈哈，看来你的力气还不够大。我用两个手指就能把鸡蛋捏破。"尼克不信，但哈里却真的做到了。为什么明明尼克比哈里力气大，还用了满把手的力气，却不比哈里的两个手指捏鸡蛋有效呢？

033. 鸡蛋上的军情

在一次战争中，一名侦查员意外地发现了一个间谍。侦查员从他身上找到了一枚煮熟的鸡蛋，这个煮熟的鸡蛋壳上没有什么特殊的地方，但是在剥开蛋壳后，侦查员发现蛋清上面有传递军情的字迹。你知道鸡蛋清上面的那些字是怎么弄的吗？

034. 身高与树高

汤姆斯今年10岁了，他站在后院的一棵小杨树下，比过自己的身高，然后在头顶处用小刀在树干上刻下自己的高度。他指着那个记号说："我现在是这么高，等过5年，我就知道自己5年内长高多少了。"伙伴托尼说："我觉得这不太可能吧。想一想，你长的时候，大树也在生长。5年后这个刻度肯定也会随着升高，说不定比你的身高还要高呢？"那么，事情会像汤姆斯预想的那样，还是如托尼说的那样呢？5年后，汤姆斯刻下的这个记号的高度会不会发生变化呢？

035. 埃菲尔铁塔之谜

埃菲尔铁塔是法国著名的建筑，这座建筑的奇特之处，不仅在于它很高，造型特殊，还在于它的塔身会倾斜，身高会变化。在上午，铁塔会向西倾斜100毫米，到了中午，铁塔会向北倾斜70毫米，只有到了夜间，铁塔才会与地面垂直。到了冬天，气温降到零下10℃时，塔身会比夏天的时候矮上17厘米。你知道这是怎么回事吗？

036. 屏幕上的超人

小威廉和小比尔一起到影院看电影，当屏幕上的英勇超人出现时，小威廉拿出了相机，要把超人拍下来。小比尔说："这里这么黑，光线这么暗，能拍清楚吗？"小威廉说："别担心，我会开闪光灯的。"说完，他按下快门，只见闪光灯一闪，"喀嚓"一声，小威廉便对着电影屏幕完成了拍摄任务。先不要看相机，你觉得小威廉会拍下清晰的图像吗？

037. 神枪手射鱼

有个神枪手自认为了不起，总是爱向别人炫耀他射击的本领。一天，有个人在听了他的炫耀之词后，故意问他："你能把水里的鱼儿射中吗？"神枪手听了，轻蔑地说："等着瞧吧！"说完后，他就拿起枪，对准水里的鱼儿开始射击，可是一连打了好几枪都没有射中。

你知道神枪手为什么会射不中鱼吗？

038. 洗铝锅

卡米尔放学回家后，看见妈妈还没有下班，她想干点活，帮妈妈减轻一下家务负担。打定主意后，她就走进厨房，看见炉灶上放着一个灰蒙蒙的铝锅，于是她拿起锅，打算用钢丝圈把它擦洗干净。正当卡米尔干得卖力时，妈妈回来了。妈妈看到她正忙活着，却说铝锅不能这样擦洗，让她以后别再干了。卡米尔有些小难过。你知道为什么妈妈不让卡米尔擦铝锅吗？

039. 瓶底不湿

小杰比最喜欢做物理实验了。他拿来一个玻璃瓶子，里面的底部是干的，没有水。现在，他要把瓶子放在一个装满水的水桶里，同时还要保证瓶子的底部仍然是干的。那么该如何做才能达到这种效果呢？杰比很快就想到了，他的办法是什么呢？

040. 雷电的距离

夏日的午后，波比和迪拉在外面玩耍。突然，天阴下来，远处划过一道闪电，这时，戴着秒表的波比看了看表。5秒钟后，他们听到了雷声。波比说："我知道刚才那个雷电距离我们有多远？"迪拉质疑道："你怎么知道的？我不相信。"波比说："不管你信不信，那个雷电距离我们大约1700米。"迪拉觉得波比在胡说八道，雷电发生在天边，不可能算出距离。那么，你觉得波比说的是不是真的呢？他是怎么算出雷电距离的？

041. 算页码

　　罗斯特是印刷厂的一名很有经验的印刷工人。一天，他下班后忘记这次要印刷的书共有多少页了，只记得排印书上所有页码用的全部铅字共计2775个。他需要马上知道书的总页数，以向老板汇报工作。你能根据用的铅字的数量帮罗斯特算一算吗？帮他算出总页数，这样他就不必再跑到工厂一趟了。

042. 烧焦的电线杆

　　米奇去乡下外婆家玩，她看见一些工人正在更换路边的电线杆，这些电线杆都是木头做成的。让米奇惊奇的是，工人叔叔把埋在地下的那一端木头烧焦了，米奇忍不住问道："叔叔，你们为什么要把木头烧焦呢？"一位工人说："烧焦了就更加耐用了呀！"米奇还是不懂。你懂吗？

043. 晒太阳

　　在炎热的夏天里，如果长期在户外活动就会被晒黑。黛米丽因为腿受伤了，只好待在家里。不过她每天都坐在窗户前，隔着玻璃晒太阳，你觉得她会晒黑吗？

044. 悬挂的苹果

两个苹果吊在一根绳上，中间有一点距离。现在，安妮站在苹果面前，向两个苹果中间吹气，她想让它们分开一些。可是，奇怪的事情发生了，两个苹果非但没有分开，而是紧紧地挨在一起了。她越用力，苹果就挨得越紧，这到底是怎么一回事呢？

045. 镜中数苹果

大家都知道，在镜子前放一个苹果，那镜子中也会出现一个苹果。现在，把两面镜子排成直角放在桌上，然后在两面镜子前各放一个苹果，那镜子中会出现几个苹果？一共又能看到多少个苹果呢？甲回答说："是4个。"而乙回答说："我得数一数，大概应该是8个苹果。"你觉得谁说的对呢？为什么？

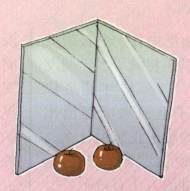

046. 变弯的自来水

冬天，天气晴朗的一天，瑞德和迈哈德两个人一起做自来水变弯的实验。瑞德用毛料布摩擦一块塑料板，让塑料板带上电，然后打开水龙头，让塑料板靠近水流，之后等待水流变弯。

迈哈德也用毛料布摩擦塑料板，让塑料板带上了电，只是他在打开水龙头后，让塑料板稍微碰上水流，然后等待水流变弯。你猜他们两人的实验，谁会失败呢？原因是什么？

047. 恐怖的叫声

马里克和朋友们在海上划船，可是他们遭遇到了暴雨天气，大风把船吹得摇摇晃晃的，马里克不小心从船上掉下去了，他在海浪里拼命地游泳。这时，他忽然听到了两声恐怖的叫声，心里害怕极了，还好朋友及时把他救上了船。平静下来后，马里克问朋友们刚刚有没有听到什么恐怖的叫声。大家说听到了，不过是一声，那是海浪的声音。可马里克坚持说自己听到了两次。如果马里克没听错，那他多听到的一声是从哪里来的呢？

048. 倒水

约翰尼拿着一个长颈玻璃瓶，里面装满了水，朋友安迪说："怎样才能最快地把瓶子里的水全都倒出来？"约翰尼正想说什么，安迪又说："咱们来比一下，看谁的方法有效吧。"

说完，他也用同样的瓶子装满了水，两个人开始比赛。安迪把瓶口朝下，然后来回晃着往外倒，约翰尼把瓶口朝下，不停地旋转着瓶子往外倒。结果谁会赢呢？

049. 室内的画作

　　皮特很喜欢画画，下面这两幅画都是他画的室内简笔画。两张画作画的都是中午12点时窗户在地上的投影，只是一张是在夏天画的，另一张是在冬天画的。仔细看看这两幅画，然后分辨一下，说说哪一张画是皮特作于夏天，哪一张画是皮特作于冬天呢？

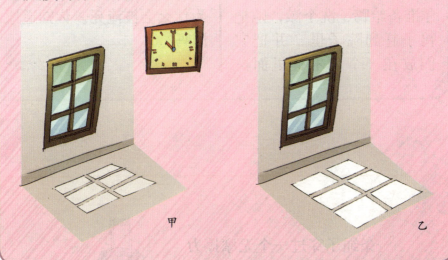

甲　　　　　　　　　　　乙

050. 买伞

　　一天中午，太阳很大，有个拄着拐杖的老人走到一个卖伞的摊前。他慢慢蹲下身子，拿起一把黑色的伞，并用手摸了摸伞，然后放下，又去拿旁边的一把白伞，同样用手摸了摸。摊主明白了，这是个盲人。正当摊主要问他买什么颜色的伞时，老人却开口说："我要买这把黑伞。"摊主一看，老人的确拿起了第一次摸过的那把黑伞，他很吃惊，老人是怎么知道这是一把黑伞的呢？

051. 鸭子淹死的缘故

蕾切尔的妈妈从市场上买回来3只小鸭子，蕾切尔看到后非常喜欢。但是这3只小鸭子有点脏，羽毛黑乎乎的，一点都不好看。蕾切尔准备给鸭子洗个澡，她把鸭子赶到院子里，并把它们放在一个大木桶里面。

蕾切尔知道鸭子会游泳，她把鸭子放进桶里后就离开了。当她回来的时候，鸭子都被淹死了，蕾切尔难过地哭了。她怎么都想不通鸭子为什么会被淹死。你知道原因吗？

052. 猴子爬绳

一条绳子穿过一个无摩擦力的滑轮，在其一端悬挂一只重10磅的砝码，另一端有只猴子抓着绳子，同砝码保持平衡。当猴子开始向上爬时，砝码将如何运动呢？

关于这个问题，科学家们的观点截然不同。有的科学家认为，砝码会向上运动，而且速度越来越快。有的科学家认为砝码是会上升，但速度和猴子向上爬的速度一样。还有的科学家认为，砝码会下降。甚至更有人说，砝码会静止不动。你认为哪种观点对呢？为什么？

053. 区分生鸡蛋和熟鸡蛋

凯利的奶奶在厨房里煮鸡蛋，但是她的记性不好，把煮熟的鸡蛋不小心放进了生鸡蛋里。凯利的奶奶一时不知道该怎么区分。这时，凯利放学回家，她得知奶奶的难题，便走到桌旁，拿起鸡蛋一个一个地转起来，很快就帮奶奶把煮熟的鸡蛋都找出来了。你知道为什么转鸡蛋就能把生鸡蛋和熟鸡蛋分开吗？

054. 巧除水垢

烧水壶使用的时间过长，里面就会有一层厚厚的水垢。乔丹很想把这个烧水壶洗干净，但是他用水、洗洁精等洗了很多遍，还是洗不干净。正在犯愁时，爷爷告诉他，说："傻孩子，水是洗不掉水垢的，你用食醋来洗洗，看看有什么反应？"

乔丹按照爷爷的说法，把食醋倒进烧水壶里，然后爷爷又吩咐他再倒点热水进去，把壶盖盖住，时不时地还要把盖子揭开放气。不一会儿，烧水壶里的水垢就没有了。乔丹百思不得其解，你能给他解释一下吗？

055. 爆炸的石头

纽约冬天，天气特别冷，到处都结了冰。布兰奇和伙伴们在院子里玩耍，院子角落有一块大石头，布兰奇指着石头对伙伴们说："这块石头似乎也被冻透了，咱们给它浇点热水吧！"说完，他和伙伴们就把保暖壶里的开水浇在石头上，谁知石头"轰"的一声爆炸了。你知道这是怎么回事吗？

056. 失色的琥珀

凯罗尔的母亲是个演员，最近她回家后总是不高兴。细心的凯罗尔注意到了，问："妈妈，您怎么了？"妈妈说："最近我在拍戏，要穿丝绸衣服，可是当我佩戴上自己最喜欢的琥珀首饰时，琥珀就像失色了一样，没有光泽，表面上像是蒙上了一层灰，哪里有琥珀的美丽？"凯罗尔听了也很纳闷，你知道这是为什么吗？

057. 神奇的气球

姐姐要给弟弟表演一个气球不掉的魔术。只见姐姐拿来一个气球，吹大后，在开口处打上结。然后她把气球在毛衣上面摩擦了一会儿，再松开手，气球飞到了天花板上。神奇的是，气球就停在了那里，并且长时间都没有掉下来。弟弟很高兴，不停地给姐姐鼓掌。你知道气球为什么不会掉下来吗？

058. 一封信

杰米去国外度假了，一个星期后，他给好朋友黛西寄来了一封信，信中说他在一个湖中游泳，并且能不用任何潜水工具，就能下潜到海平面300多米以下的深度。黛西以为他在吹牛，但是杰米说他没有，只是在游完泳之后，皮肤很粗糙。你觉得杰米在吹牛吗？

059. 冒烟的船

电影中出现这样一个场景：一艘正以时速8公里的速度前进的轮船，冒出垂直的浓烟来。正在看电影的比尔觉得这种现象根本不可能在现实中出现，可是爸爸却说现实中存在这样的现象。你说呢？

060. 分蛋糕

奶奶过生日时，姑妈给她买了个大蛋糕，波顿馋得直流口水。奶奶说："如果你能把这块蛋糕切成两份，形状重量都要相同，且分割处必须是曲线，那你就可以吃了。"波顿看着蛋糕，忽然想出了一个好办法。你觉得他会想出什么办法呢？

061. 吹气

卡米拉拿着一个杯子，里面装了些透明液体，同学贝拉看见了，问："这杯子里面是水吗？"卡米拉说："你猜猜。"看着卡米拉神秘的样子，贝拉思索了一下，然后对着杯子吹了一口气，没想到杯中的"水"马上由透明变成浑浊，再吹一口气，"水"又由浑浊变成透明。这是什么原因呢？

062. 砝码与水位

克鲁斯和伙伴们在做实验，他们想了解漂浮物对水位的升降变化的影响。克鲁斯先在一个木盆里放多半盆水，然后再把一个木盘放进水中，这时，木盘漂在水上。之后，克鲁斯又把一个重砝码放在盘子上，盘子依然漂浮在水面上。接下来的问题是，将砝码拿起来直接放入水盆中，那水位是会上升还是下降呢？小朋友，你来说说实验结果是什么吧。

063. 油车上的铁链

　　几个伙伴在一起玩耍时，突然一辆装满汽油的油罐车从他们身边飞驰而过。伯特注意到油车的后面拖着一条长长的铁链子，便对大家说："你们看，那个油车的铁链子像尾巴一样，它是干什么用的呢？"

　　吉姆说："它可能是运输标志吧，告诉人们这是油罐车。"汉克说："也许是为了牵引用的，油罐车都比较重。"伯特想了想说："我看可能是为了保证运油安全的吧。"你认为谁说的对呢？

064. 变色的花朵

　　安德瑞喜欢做实验，一天，他看见客厅里摆放的红玫瑰，忽然产生了一个主意：把这些红玫瑰变成白色的玫瑰会怎么样呢？有了这个念头，安德瑞就开始行动了。他把一只红玫瑰的杆折断，只留下上面花朵部分，然后插在玻璃杯中，用玻璃罩罩住。他又拿来一些硫黄，将其放入一个铁盒子中，给铁盒子加热，很快硫黄融化，冒出淡蓝色的火焰。他把硫黄放入玻璃罩中，不一会儿，红色的玫瑰花瓣在蓝色的烟雾中竟然慢慢褪了色，变成白色的玫瑰了。你知道这是为什么吗？

065. 手指不见了

做一个实验：用右手捂住左眼，然后用右眼向前看，举起左手食指从左边脸颊轻轻向前伸去，直到能刚刚看到鼻梁上的指尖为止。再把目光对准手指，你会惊奇地发现手指不见了。这是为什么？

066. 蓝色的面粉

詹姆斯的妈妈正在用水和面粉做馒头，正当她转身时，调皮的詹姆斯不小心把碘酒给弄倒了，和好的面里面被滴了几滴碘酒。詹姆斯害怕妈妈批评他，准备逃跑，却发现面粉变成了蓝色。妈妈回过头来看见变成蓝色的面粉，马上问道："詹姆斯，你把碘酒弄到面里去了吗？"詹姆斯想骗过妈妈，说："没有啊。我只是刚刚从这里过，就看见面粉是蓝色的了。"妈妈说："你在撒谎。"詹姆斯只好低下头，小声问："你怎么知道碘酒弄到面粉里面去了呢？"聪明的你，知道吗？

067. 爱吹牛的尤兰达

尤兰达特别爱吹牛，他的话常常不着边际。有一天，他对着众人说自己发明了一种物质，这种物质很神奇，什么东西都能被这新发明的物质溶解掉。说完后，人们一时不知道怎么去反驳他。当他正得意时，塔基问了他一个问题，尤兰达马上脸红了，半天都没有说出话来。你知道塔基问了他什么问题吗？

068. 聪明的艾达

艾达远渡重洋，但在国外迷了路，一艘船的船长说能带她回家，艾达相信了他。船长先让艾达坐上他的小船，然后再上大船，并对艾达说几个星期就能到她家。船起航后，每天都会定时从一个港口开往另一个港口。船长给艾达送了很多饮料和食物，但是，艾达很快就发现他是个骗子！你知道艾达是怎么发现被骗的吗？

069. 黄豆芽变绿豆芽

豆芽是一种常吃的菜，常见的豆芽有黄色的和绿色的。当把黄豆芽放在不见光的地方时，并经常浇水，豆芽还是黄色的；而当把黄豆芽放到阳光充足的地方时，几天后，黄豆芽会变成绿豆芽。这是为什么呢？

070. 划船

安吉拉和伙伴们一起在湖上划船，他们玩得很开心。忽然，船被划到了一个陌生的地方。他们使劲地往回划，可是不论他们再怎么使劲，船速都越来越慢，最后船竟然停了。这是怎么回事呢？

071. 曼达与钥匙

曼达去外地出差，发现把家里信箱的钥匙也一起带了出来，他想起母亲每隔一天都会去开信箱，没有钥匙，她肯定会着急的。曼达赶紧把钥匙放在一个信封里寄回家里。没有想到他的母亲知道后，忍不住笑了，打电话说："怎么这么马虎？"你觉得曼达的母亲能拿到钥匙吗？

072. 制作饮料

罗斯想自制饮料，可是他不知道该怎么做。一天，他请来了好朋友吉姆帮忙。罗斯按照吉姆的要求把用料和工具都准备齐全后，吉姆就指导他开始做起来。首先，把开水倒入玻璃中，等水凉了后装入汽水瓶中，放入白糖和少量的果味香精，加入小苏打搅拌让其溶解；其次，加入柠檬酸，立刻盖紧瓶盖，使里面的气体不能逸出，溶解在水里；最后把汽水瓶放入冰箱里降温。冷却后，把汽水拿出来就可以直接饮用，并且倍感凉爽。你知道这个制作的方法用的是什么原理吗？

073. 冻牛奶

　　埃里克最喜欢喝牛奶了，这是他的必备早餐。一天早上，他突发奇想，倒了两杯牛奶，然后给其中一杯加热，让另一杯保持常温。再之后，他就把两杯牛奶同时放进冰箱的冷冻室里。他的意思是，想知道哪杯牛奶凉得更快一些。你觉得呢？两杯牛奶会有一个冷得快，一个冷得慢吗？还是它们降温的速度是一样的？

074. 白烟与蜡烛

　　甲对乙说："如果没有风吹向蜡烛，只靠一些白烟就能让点燃的蜡烛熄灭，你觉得可能吗？"乙说："怎么可能？你一定在说笑话。"甲说："那我证明给你看。"说完，他就去找来了蜡烛、杯子、盘子、小苏打和食醋等东西。然后他把蜡烛点燃，放在盘子里，又把苏打放入杯子中，再倒入食醋。奇怪的是，杯子里产生了白烟，甲将白烟倒在蜡烛的火苗上，蜡烛马上就熄灭了。乙看了说："太神奇了！快告诉我这是怎么回事？"你知道这是怎么回事吗？

075. 两个雪人

大雪过后，吉尔伯特和妹妹露比一起到外面堆雪人。两个人各堆了一个大雪人，堆完后，露比看到太阳出来了，阳光照到雪人上。她有些担心地问哥哥："太阳这样照下来，会不会很快就把雪人晒化啊？"吉尔伯特觉得那是没办法的事，可露比不想雪人化得太快，就用

铁锹铲了一些泥土，盖在自己堆的雪人表面。你觉得露比这样做会有用吗？这两个雪人哪个会融化得更快些？

076. 灭火器的原理

一天，露西和莉莉一起上楼梯，看见了墙角处的灭火器。露西说："灭火器多神奇啊，对着火源喷几下，火就熄灭了！"莉莉说："灭火器看着很神奇，它的原理其实很简单，我可以做实验给你看。"回家后，莉莉找来食醋、塑料盒子、苏打、纸和小勺子。莉莉先在卫生纸上放几勺苏打，然后包装起来放进盒子里，又向盒子里面倒入食醋，然后马上盖住盖子。不一会儿，盖子顶部被打开了，里面冲出很多的泡沫。露西大声说："这简直和灭火器一样！"你知道这是为什么吗？

077. 黄豆和小米

琳达的爸爸在农场里工作。一天，琳达到爸爸的农场里去玩，正值粮食丰收的季节，琳达看见爸爸把一斗黄豆和一斗小米混在了一起，结果用斗量时，琳达发现不够两斗了。她百思不得其解，你知道这是为什么吗？

078. 挖酒

杰斯的爷爷在世时，告诉他说自己在十年前把一坛酒埋在了他家后院，并把一棵树苗移栽在埋藏酒坛的旁边，作为标记。等杰斯长大后，可以挖出这坛酒。转眼间，10年过去了，杰斯想挖出这坛美酒，但是后院有3棵树，他不知道酒到底埋在哪棵树下了。正在犯愁时，好朋友库曼帮他想了一个好办法。他让杰斯把3棵树都砍掉，保留树桩，这样就能判断出哪棵树下埋着酒。杰斯不敢相信地问："真的吗？"库曼说："是的，你只要用锯子整齐地锯断树就行。"很快，库曼帮助杰斯把那坛美酒找了出来。你知道库曼是怎么推理的吗？

079. 纸也能包住火

甲说："纸是包不住火的。"乙说："未必。"甲说："有本事你试试!"乙说："有什么问题?"说完,乙就找来了一块透明的块状物,又拿来了纸和火棉。只见他把透明的块状物加水制成溶

液,取出一张纸放进去浸泡,然后拿出来晾干。之后,他把这张纸做成一个空心球,将火棉放进去,点燃火棉,火棉马上燃烧起来,但是外面那个纸球却不见燃烧。甲看着面前的现象,惊讶得说不出话来。你知道这其中的原理吗?

080. 骗局

有个年轻人整天幻想着发财,一天他给了一个古董商几张照片,说:"我在希腊的一个古城堡里发现了一些壁画,这几幅壁画是我钻入差不多有5000米的深洞里才拍到的。"古董商看了一眼,第一幅是城堡图,第二幅是猎人在追赶恐龙,第三幅是奔驰的猛犸象图。古董商马上指出年轻人在骗他,你知道这是为什么吗?

081. 焕然一新的硬币

琳达有很多铜制的硬币，但是时间长了，硬币都变脏了，有些还黑乎乎的，琳达想把这些硬币洗一洗。她找来了一个大杯子和一包食醋，把硬币放进杯子里，再加上食醋，直到食醋满过硬币。稍等一会儿，琳达将硬币取出来，再把硬币擦干净。这时，硬币变得就像新的一样。你知道这是什么原因吗？

082. 失踪的蝴蝶

马可尼先生最喜欢收集蝴蝶标本，他收集的一些标本是世界珍品，可谓价值连城。他住在靠海的一栋小楼里，一天，马可尼让仆人把蝴蝶标本拿到二楼的窗口晾晒，可没过一会

儿，仆人来报说他在晾晒蝴蝶标本的时候，打开了窗户，突然来了一阵海风，把其中一枚最珍贵的蝴蝶标本给吹走了。他急忙关好窗户去追那只标本，但标本还是被刮到那大海里去了。丢了最珍爱的东西，马可尼非常心痛。这时，他的好友里德来访。里德听了马可尼的叙述，来到二楼的窗户前，他看到远处一群海鸥正准备迎风飞翔。于是，他转头对马可尼说："你的仆人在撒谎，你的那只蝴蝶还能找回来。"为什么里德会断定仆人撒谎呢？

083. 冰上过河

一个部队准备过河，正值是冬天，河面上结了一层薄冰，冰面上还有一层雪。这样根本不能过河，太危险了，只有冰层达到八九厘米的时候才安全。大家正在着急该怎么办时，师长想出了一个好主意，没过多久，冰层的厚度就达到了8厘米以上，他们安全过了河。你知道师长想出的是什么主意吗？

084. 鸡毛信

奥黛西拿着一封鸡毛信要去送给团长，路上被敌人抓住了。当敌人打开信封取出信时，奥黛西一点都不紧张，因为敌人发现纸上一个字都没有，只好把她放了。当信送到团长手上时，天已经很晚了，奥黛西看着满屋子的蜡烛，舒心地笑了。你知道白纸上为什么没有字吗？团长又该如何获取纸上的内容呢？

085. 装饮料的水壶

史密斯一家人准备去郊外兜风，临走前，小史密斯想带上自己最爱喝的酸梅汤，并且他还想再多拿一些，让爸爸妈妈也一起喝，可怀里抱上几瓶酸梅汤后，小史密斯感觉太累了。这时，他看见了厨房里的水壶，立即把酸梅汤倒进水壶里。后来，到了郊外，小史密斯口渴了，拿出水壶准备倒酸梅汤来喝时，爸爸却阻止了他，并告诉他这酸梅汤已经不能喝了。你知道为什么吗？

086. 寻找陆地

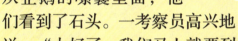

冬天，一艘科考船从大陆驶向南极，船上的考察员在大海上航行了很多天，一直都找不到陆地。正在发愁时，他们看到了企鹅，一位船员捉住一只企鹅，从企鹅的嗉囊里面，他们看到了石头。一考察员高兴地说："太好了，我们马上就要到达陆地了！"这个考察员为什么这么说呢？

087. 男孩与自行车

彼得大叔新买了辆自行车，车子非常漂亮。一天，他把自行车锁上前锁，放在了楼下，巴特从外面滑冰回来，看到自行车，就想跟彼得大叔开个玩笑。他没有打开自行车的锁，就骑着自行车去转了一圈。彼得大叔从家里出来，走了好远才找到巴特和他的自行车。不过，他怎么也想不出巴特是如何不开锁就骑走自行车的。你知道吗？

088. 看见了几只信鸽

　　阵前作战的将军每天都能收到来自军部的一只信鸽传递消息，后来将军因军情紧急，派一名士兵赶回军部。士兵一早离开基地前往军部，5天后到达军部。他的速度与往该基地送信的信鸽速度相同，并同时相对出发，你知道该士兵一路上会看到几只往基地送信的信鸽吗？

089. 寻找影像

　　米诺很喜欢照镜子，她的房间里有两块相对摆放的大立镜，还有一些小镜子。同学贝利来到她的房间，看见这些镜子惊讶极了。当贝利站在那两块相对摆放着的立镜中间时，他看到了一连串的影像。米诺说："贝利，如果我的屋子里面到处都是镜子，并且没有缝隙，你说我能在镜子中看见什么样的像呢？"贝利想象不到，你呢？

数学推理篇

001. 多少人

放学后，班上的同学约好去散步。天气突然变了，一会儿就下起了小雨，于是有1/2的人回去了。过了一会儿，又有2/3的人说要做练习册也离开了，最后就剩下了5个人。他们觉得大家都走了，没什么意思，于是也一个个回了家。那你知道一开始有多少人去散步吗？

002. 交换水果

幼儿园的小朋友各带了不同的水果，他们喜欢交换品尝。已知：用1个柚子可以换到2根香蕉，4根香蕉可以换2个苹果。那么，现在有5个柚子，可以换到几个苹果呢？

003. 爬山

加尔德和朋友们去爬山，已知山高4500米，他上山的速度是每小时1500米，下山的速度是每小时3000米。加尔德和朋友们上到山顶后在山顶休息游玩了3个半小时，然后下山。那么加尔德这次爬山总共用了多长时间？

004. 每包有多少水果

　　妈妈买了6大包水果回来，贝克斯基从每个袋子里拿出5个后，剩下的数量相当于原来3包水果的总数。你知道原来每包有多少水果吗？

005. 餐具

　　撒勒赫兹、利普森和威尔士3个人约好到超市买餐具。撒勒赫兹买了3个碗4个盘子花了43元，利普森买了同样的碗2个和同样的盘子5个，总共花了45元。威尔士也买了相同的碗和盘子各3个，那么你知道他花了多少钱吗？

006. 数字圆盘

　　这是一个有趣的图形，图形里面的数字都是按照一定的规律排列的。小朋友认真观察左图的这些数字，然后思考括号里缺少了什么数字？

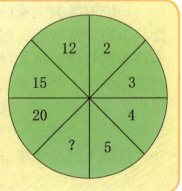

007. 卖电脑

柯普森在一个电脑城卖电脑，老板规定每卖出一台电脑给柯普森嘉奖10美元。2012年的2月底，柯普森拿到了1450美元的嘉奖，那你知道他平均每天卖出几台电脑吗？

008. 填图形

斯比黑特去姐姐房间找东西，在书桌上看到了这几幅图片，但是中间缺少两个图形，他看了一下就知道了答案。小朋友你知道答案是什么吗？

009. 大小灯球

一位伯爵夫人家的宴会厅装饰得非常华丽，屋顶上有许多盏灯球，把大厅照耀得五彩缤纷、气派非凡。伯爵夫人告诉客人："我这厅里的灯分为两种，一种是一个大灯球下挂两个小灯球，一种是一个大灯球下挂4个小灯球。这些灯中，大灯球共有360个，而小灯球共有1200个。"那么，请你算一算，伯爵夫人家宴会厅里的两种灯各有多少呢？

010. 链接的椭圆

这是斯里迪请教老师的一道题目，同学安蒂亚在老师的讲桌上看到这道题，便在带问号的椭圆里填了一个数字，老师说她填的答案很正确。小朋友，你知道安蒂亚在问号处填了什么数字吗？

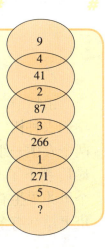

011. 蛋糕

默里家的冰箱里放着一些蛋糕，多于10块，少于90块，如果每天吃7块，还可以剩下1块，如果每天吃6块，还可以剩下2块。如果每块蛋糕的价钱是2.5元，则这些蛋糕需要多少钱才能买得到？

012. 塑料管

维迪家准备装修房子，院子里放了一大堆塑料管，塑料管总共堆了18层，下面一层比上面一层多2根塑料管，最底层的塑料管有50根。那么维迪家总共有多少根塑料管？

013. 植树

植树节，班上组织同学们去种树，一个男生和两个女生一组，但是分到最后剩下了3个男生。这个班的男生有18个，那么班上总共有多少人？

014. 自助餐

维迪亚、瑟琳和凯梅林3个人去吃自助餐。瑟琳和凯梅林拿完餐厅准备的面包后，盘子里就剩2片了，维迪亚觉得2片不够吃，但是又没有了。于是瑟琳给了她4片，凯梅林又给了瑟琳3片，现在她们3个人的面包一样多。你知道瑟琳和凯梅林原来各拿了多少片面包吗？

015. 马虎的韦德

韦德总是不能认真地完成作业，经常犯一些小错误，老师说了他很多遍他都改不了。这天，他做一道数学减法题时，把被减数个位上的1写成了3，把减数十位上的1写成了5，这样算下来的结果是69。那么，小朋友，你知道正确答案应该是多少吗？

016. 被切掉的正方形

一个正方形被切掉1/2，剩下的一半又被切掉1/3，现在的面积是70平方米，那么这个正方形原来的面积是多少？

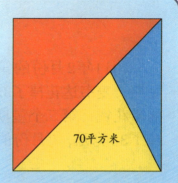

70平方米

017. 周末

星期三晚上11点了，亚历克斯、布莱克和布鲁斯3个人还没有睡觉，他们在议论离周末还有多长时间。亚历克斯说还有40个小时，布莱克说还有49个小时，布鲁斯说应该是48个小时。小朋友，你觉得他们谁说得对？为什么？

018. 看书

汉斯买了一本厚厚的小说，前一个星期他每天看10页，第二个星期每天比前一天多看2页，第三个星期每天比前一天少看1页，那么第18天这一天他看了多少页书？

019. 零花钱

2011年2月份的第一个星期，麦韦达花掉了35美元的零花钱，第二个星期他花掉了33美元，2月份的后半月他花掉的零花钱比上半月的2倍少了24美元。那么2月份他平均每星期花掉多少零花钱呢？

020. 台阶

皮特潘家住在5楼，相邻两层之间都有13级台阶。皮特潘每天去学校两趟，星期三下午他放学回到家后，去二楼阿姨家还了样东西，返回家后又去外面街上的超市买了包盐回来，那么他这一天总共走了多少级台阶？

021. 绑在一起的绳子

有5根长3米的绳子，把它们绑在一起长14米，那么绑成结的那几部分平均多长？

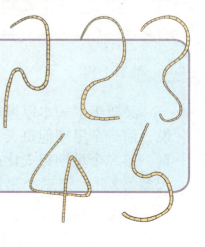

022. 姐姐的年龄

斯丹迈跟小朋友们正在讨论年龄的问题，看到姐姐放学回来了，于是他去问姐姐的年龄。姐姐说："我跟你现在一样大的时候，你3岁，现在你10岁，那我多少岁呢？"斯丹迈想了想，就知道姐姐的岁数了。你知道了吗？

023. 长方体的表面积

有一个长方体的盒子，长20分米，高10分米，表面积是1000平方分米。结果木匠在计算的时候把长写成了15分米。那么，表面积比原来少了多少呢？

024. 火车票

乔翰林跟妈妈去外省的姑妈家接姐姐回家。妈妈的火车票是78元，乔翰林和姐姐可以买半票，那么乔翰林和妈妈接姐姐回到家，一共需要支付多少钱的火车票？

025. 分橘子

元旦晚会上，班长买了一大堆橘子分给同学们吃。如果每个同学分4个橘子，那么最后剩下6个橘子；如果每个同学分6个橘子，那么还差34个橘子。班长总共买了多少个橘子？

026. 身高

威尔家3个孩子的平均身高是1.5米，其中最大的孩子和最小的孩子身高相加等于3.0米，第二个孩子和最小的孩子身高相加等于2.8米。那么这3个孩子的身高各是多少？

027. 数学题

寒假作业老师布置了150道数学题。保罗·柯尔第一天做了7道题，第三天做的题是第一天的3倍还多1道题，第二天和第四天做的题数之和比第一天和第三天做的题的总数少了3道。按照这个做题速度，他平均还需要多少天才能完成剩下的题呢？

028. 花朵图案

有一个非常特别的花朵图案，由4个花瓣组成，花瓣是由8个圆弧线连接而成的，每条弧线的半径都是2厘米。已知，8条圆弧的圆心分别是正方形的顶点和四条边的中点，那么这个花朵图案的面积是多少呢？

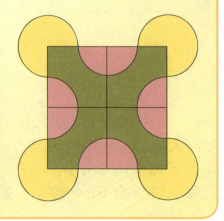

029. 切掉角的正方体

瓦格吉尔拿到一个正方体，他用小刀把其中的1个角切掉，数了一下共有7个面。那么你知道当他把剩下的7个角都切掉后，这个正方体有多少个面吗？

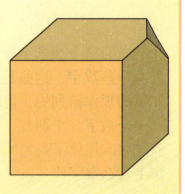

030. 三角形

一个三角形，从它的顶角引一条直线到底边，这时候共有3个三角形。那么看看左面这幅图，你知道它包含了多少个三角形吗？

031. 长方形面积

有一个长方形，它的长比宽多3厘米。如果把它相邻的两条边都增加5厘米，得到新的长方形，新的长方形的面积比原来长方形的面积大80平方厘米，那么你知道它原来的面积是多少吗？

032. 被分开的圆形

　　右面这个被米字分开的圆形外有一些数字，这些数字是按照一定的规律排列的，但问号处少了一个数字。小朋友，你知道这些数字的规律了吗？问号处应该填上什么数字？

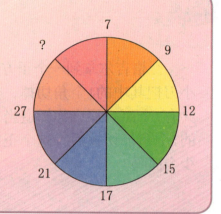

033. 有规律的数字

7	19	43	91	?	379
3	13	43	133	403	?
18	21	?	39	63	111
2	4	?	28	82	244

　　左面几排数字都是按不同的规律排放的，它们各自少了一个数字，你能给填上吗？

034. 打折的东西

　　圣诞节期间，超市的所有东西都打8.5折，妈妈带着威斯克买了一大包东西回来。他们购买的所有物品总共是153美元，结账的时候售货员说买满130美元还送30美元的代金券。请问：如果按照平时的价钱，妈妈和威斯克买东西总共省了多少钱？

035. 几个图形的组合

司丽佳觉得图形以各种各样方式的组合总是那么的有趣。这天她找了几个图形，自己动手组合出了右面的这幅图，这其中有一个与其他的图形有一点区别，你能找到吗？

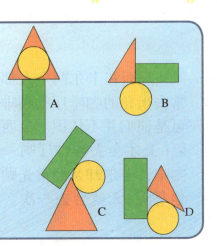

036. 饮料

派克家里的冰箱中存了一些饮料。这些饮料够3个人喝3天，若是4个人喝的话，能喝2天还多出来3瓶。

那么请问：冰箱里总共有多少瓶饮料？如果让2个人来喝，那能喝多少天余多少瓶呢？

037. 奇怪的图形

吃晚饭的时候，凯德给爸爸画了如下几个图形。这些奇怪的图形上都写着数字，但是最后一个却没有。爸爸看了一下，很快就在最后一个图形里写下了正确答案。小朋友，你知道凯德的爸爸写了什么数字吗？

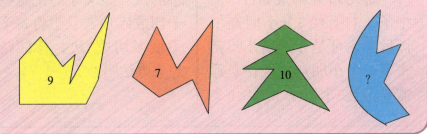

038. 咖啡厅相遇

黛西和卡尔两个人都常常去街角的咖啡厅喝咖啡，可是他们并不认识。黛西每隔6天才会去咖啡厅喝一次咖啡，卡尔却是经常光顾，他每隔2天就会去一次。今天，卡尔和黛西遇见了，他们一起喝咖啡，聊得很开心，都很期待下一次的相遇。那么，你知道他们下一次在咖啡厅里遇见是什么时候吗？

039. 大头儿子和小头爸爸

小头爸爸牵着大头儿子去逛街。爸爸的步幅比较大，儿子的步幅比较小。爸爸走2步的路程，儿子要走3步才能走完。大头儿子和小头爸爸都先跨出右脚起步，那么大头儿子走出多少步后，才能和爸爸同时迈出左脚呢？

040. 分水果

幼儿园老师准备了5个橙子，打算给5个小朋友午饭后吃。可是今天幼儿园新来了一个小朋友，现在老师需要将这5个橙子平分给6个小朋友，她又不想把这些橙子切成碎块，只想将每个橙子最多切成3块，你能帮她想想办法吗？

041. 炸咸鱼

　　贝拉的厨房里有两个平底锅，现在他准备用这两个锅炸刚买的3条咸鱼，但是他的平底锅很小，每一个锅一次只能放进一条鱼。如果炸一面需要6分钟，两面需要12分钟，那么最短需要多长时间，才能把这3条咸鱼都炸好？

042. 相遇的日期

　　蒂娜和妮可是两个刚毕业的学生，她们都在一家医疗单位做义工，以前互不相识。但有一天，她们碰到了一起，成了朋友。已知：蒂娜是在三月份的第一个星期一那天开始去做义工的，以后每隔四天（即第五天）去一次。而妮可是在三月份的第一个星期二那天开始去做义工的，以后每隔三天（即第四天）去一次。在三月份的31天里，两人只有一天相遇，正是这一次相遇，让她们成了朋友。那么这一天是什么日子呢？

043. 划船过河

　　马尔叔叔带着他的两个双胞胎孩子过河。河边停靠着一只小船，马尔叔叔可以自己划小船过河，可是小船的标识上写着：最多载重65公斤。马尔叔叔体重62公斤，两个孩子体重都是32公斤。那么，马尔叔叔要怎么样才能过河呢？

044. 三个抽屉

劳尔的办公室有 3个抽屉放有重要资料，每个抽屉配有两把钥匙，办公室包括劳尔在内共有3个人工作，他们也都需要

这3个抽屉的钥匙。现在，麻烦的事情出现了，劳尔需要解决的问题是，在不增加钥匙的情况下，怎么样才能使得每个人随时都可以打开这3个抽屉？

045. 水和果汁

有大小相同的两个杯子，一个杯子里倒入半杯水，一个杯子里倒入半杯果汁，水和果汁的量是一样的。现在用试管从水杯里取10毫升的水放入果汁杯里，充分融合后，再用试管从果汁杯里取10毫升混合液体放入水杯里。那么请问，现在的两个杯子里，是水杯里的果汁多，还是果汁杯里的水多呢？

046. 钥匙扣

巴德从外地旅游归来，给朋友带了一些有纪念意义的钥匙扣。这天，保罗来到巴德家，向巴德索要钥匙扣。巴德告诉保罗，他将一半的钥匙扣和一个钥匙扣的一半送给了杰西，然后又把剩下的钥匙扣的一半和一个钥匙扣的一半送给了瑞希，现在他只剩下一个钥匙扣了。巴德要求保罗猜出他原来有几个钥匙扣，猜对的话就将最后一个钥匙扣送给保罗。保罗被弄糊涂了，他很疑惑为什么半个钥匙扣还能送人？聪明的小朋友，你能猜出巴德原来有几个钥匙扣吗？

047. 小吃店

有一家小吃店很有名，3个小伙伴一同去吃东西。第一个小朋友吃了3个，付了1元。第二个小朋友吃了5个，付了2元。第三个小朋友吃了12个，付了3元。这样子收费很奇怪，可是这3个小朋友却很爽快地付了钱。你知道他们吃的是什么食物吗？

048. 取卡片

一个黑箱子里放着一些红色卡片和蓝色卡片，每种颜色的卡片数目一样多。现在如果从箱子口往外取卡片，为了保证取出两张相同颜色的卡片，至少要从箱子里取出的卡片张数为A。为了保证取出两张不同颜色的卡片，至少要从箱子里取出的张数也为A。如果是这样的话，你能猜出箱子有多少张卡片吗？

049. 卖醋的聪明老板

　　卖醋的老板今天弄丢了他的电子秤，店里除了几大坛醋，就剩下两个木桶，其中一个大木桶刚好可以装5公斤醋，另一个小的可装3公斤醋。看样子老板今天没办法营业了。可是他今天仍然卖出了4公斤醋，原来他巧妙利用了两个木桶。你知道他是怎么做的吗？

050. 有趣的棋子

　　吉米兄弟正在玩五子棋，玩得很久了，他们想要换种方式继续玩。这时，吉米想到了一个好主意，要求将10颗棋子放在一张行列都为4格的棋盘上，每格只能放一颗棋子，要使它们形成10行（横行、竖排、对角线都算），每行所放的棋子必须是偶数。你知道怎么做吗？

051. 益智游戏

今天老师出了一道益智游戏，让同学们试着做出答案。现在我们一起来看看这道题：如图所示，有10个小箭头排成一排，5个箭头向上，5个箭头向下。要求两个箭头连在一起移动，移动5次，使得向上的和向下的箭头交错排列，你会被难住吗？

052. 抽屉里的东西

琼斯家的一个抽屉里放着10个白色乒乓球、10个桔色乒乓球。一个抽屉里放着5双蓝色拖鞋、5双红色拖鞋。琼斯正准备拿两个同色乒乓球和一双同色拖鞋时，家里停电了，屋子里一片漆黑。那么，琼斯在看不见颜色的情况下，至少需要从每个抽屉里拿出几个乒乓球和几只拖鞋才可以？

053. 与众不同的圆

克罗画了5幅图，他告诉小妹妹吉米，如果可以将右面这5幅图中不一样的图形找出来，他就带吉米去吃冰激凌。吉米看着哥哥画的5幅图，思考了一会儿，就找出了与众不同的那幅。现在克罗和吉米已经出门了，我们去看看这些图，找出不一样的那一个吧。

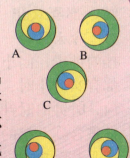

054. 男生女生

　　学校要求早上做早操，老师把全校2009名学生按照两个男生两个女生的方法排成队列，请问最后一名学生是男生还是女生？

055. 奇异的等式

　　珍妮的老师留了一道家庭作业，珍妮正在苦思冥想，看来她是被难住了，我们试着做一下吧，看能不能帮到珍妮。老师给出作业题是这样的：1等于31、2等于28、3等于31、4等于30、6等于30，那么5等于多少？看完这道题，你知道怎么做了吗？

056. 时钟的相遇

　　小亚力是个聪明可人的小朋友，叔叔阿姨们到亚力家的时候，都喜欢出一些题考考小亚力。今天又有一位阿姨指着墙上挂的钟表，问小亚力："每一天都有24个小时，那么在这24小时内，时钟的时针、分针和秒针三针重合到一起的机会有几次？"小亚力眨了眨眼睛，说出了正确答案。小朋友，你知道吗？

057. 木棒游戏

安娜刚上完汉语课回来，她的妈妈就迫不及待地想要和她玩一个汉字游戏。我们一起加入吧！下面是安娜的妈妈摆好的木棒，她告诉安娜，要用这5根横排的木棒和3根竖排的木棒拼出汉字，思考一下，你可以拼出几个字呢？

058. 三根铁丝

乔治的妹妹很淘气，也很聪明。乔治拿出3根铁丝，对妹妹说："只要你用这3根铁丝摆出一个大于3又小于4的数字，我就带你去沙滩玩！"乔治本想着这道题没办法解答，没想到机灵的妹妹居然答对了！你知道答案是什么吗？

059. 取走苹果

哥哥和弟弟面前放了两堆苹果，每堆2个或3个或者更多苹果，他们每次可以拿走一个或两个或整堆的苹果。兄弟俩规定好了，谁拿走最后一个苹果，谁就输了。如果弟弟想要赢，他要怎么样做呢？

060. 抽样调查

某个研究小组对100个妇女进行了问卷调查。这100个妇女中，85个已婚，70个有电脑，75个有手机，80个有了孩子。我们以这100个妇女为基数，能不能算出每100个妇女中拥有电脑、手机、孩子和已婚的有多少人？

061. 排座位

亨利开了一个青春派对，他邀请了自己的几个外国朋友来参加。晚餐时，有5个朋友被安排在一个小圆桌就座，假设他们分别是1、2、3、4、5号朋友，其中1号是法国人，会说西班牙语；2号是中国人，会说英语；3号是日本人，会说汉语；4号是美国人，会说法语；5号是法国人，会说日语。亨利该怎么安排座次，使这几个朋友彼此间都能交流呢？

1号　2号　3号

4号　5号

062. 贪吃的山羊

杰伊的农场养了100只山羊，每天他喂给山羊100篮子的青草，贪吃的大山羊胃口很好，每只能吃4篮子青草，而4只小山羊才吃一篮子青草。根据这些情况，你能猜出杰伊养的100只山羊中，大山羊和小山羊各多少只吗？

063. 如此循环

数学课上，老师拿来一个箱子，他告诉同学们箱子里有一些卡片，他每次拿出一半的卡片后，再放进去一张，这样算是取一次卡片的过程。这样重复下去，取了132次之后，箱子里只剩下了2张卡片。你能猜出老师手中的箱子里原来有多少张卡片吗？

064. 卡片上的数字

杰克和他的好朋友打赌，杰克拿出标有1、2、3、4的卡片各9张，他将这些卡片次序打乱放在桌子上。杰克告诉他的朋友："你现在可以抽取一张卡片，我只需要快速浏览两遍这些卡片，就能猜出你抽走的是哪一个数字的卡片。"杰克没有撒谎，你知道他是怎么做到的吗？

065. 烤肉串

哈代和好朋友杰森到一家烤肉店吃烤肉，烤肉店的老板告诉他们，店里有优惠活动，一串烤肉一块钱，3根铁签可以再换一串烤肉。哈代口袋里只剩24块钱，那么他用这些钱最多可以吃到多少串烤肉？

066. 苔丝家的鸡蛋

苔丝有9堆鸡蛋，每堆鸡蛋有10个，今天她一不小心将一堆要孵小鸡的蛋混在了这9堆鸡蛋里面。苔丝的妈妈告诉苔丝，要孵小鸡的蛋比一般的鸡蛋重一克。现在苔丝只有一架台式电子秤，你知道她最少需要称多少次，才能找出那一堆要孵化小鸡的鸡蛋吗？

067. 苹果称重

有4个苹果，我们现在需要将苹果按照重量分给4个小朋友，大孩子拿大苹果，小孩子拿小苹果。可是只有一架天平可用，当天平一边放着1、2号苹果，另一边放着3、4号苹果时，两边相等。当将2、4号交换位置后，1、4号高于2、3号。当天平左边放上1、3号苹果，另一边放上2号苹果时，天平压向2号苹果这边。根据这些测试，你能将这些苹果按重量顺序排号吗？

068. 公园里的监控器

为了保证游客安全，公园保安处打算在各个角落安装一些监控器，公园形状如图所示。但是考虑到监控器费用问题，保卫处人员计划用尽量少的监控器，但又必须保证覆盖到公园的每一个角落，这可真让人为难。后来，一个聪明的保安想到了办法，你知道他是怎么做的吗？

069. 购物

5个孩子一起去商店买东西。结账的时候，只听收银的小姐说："1个冰激凌、一支圆珠笔，27美元。"第一个孩子付了账。收银小姐又说："一包蚕豆、一盒饼干，14.5美元。"第二个孩子也付了账。收银小姐接着说："一个冰激凌、一包蚕豆，15.5美元。"第三个孩子付了账。收银小姐又说："一罐乳酪、一盒饼干，一共28.5美元。"第四个孩子也付了账。轮到第五个孩子了，我们没听到收银小姐前面的话，只知道她收了第五个孩子24美元。第五个孩子也买了两样东西，并且是上面提到过的物品中的两种。你知道他买的是什么吗？

070. 有趣的语文课

今天的语文课不同于以往，老师在一张9个空格的纸上，写出了8个汉字，这8个汉字中隐藏着奥妙，如果聪明的你可以发现的话，你就可以知道最后一个汉字是什么。仔细观察这些汉字，你发现规律了吗？哪一个是问号处的汉字？

入	仟	莉
工	日	智
人	定	？

A.雷　B.整　C.审　D.覆

071. 调酒的师傅

一家酒吧里的杯子形状都很个性，它们的形状、容量各不相同。调酒的师傅今天遇到了一个难题，他面前有6个杯子，其容积分别为：7、9、19、20、21、22个容积单位。他现在需要将鸡

尾酒和葡萄酒（鸡尾酒的总量是葡萄酒的2倍）分别倒入其中的5个杯子中。那么，调酒师该选出哪几个杯子倒酒呢？哪些杯子倒满的是鸡尾酒？哪些杯子倒满的是葡萄酒？

072. 哪一张卡片

莫尔拿着9张卡片和伙伴们做游戏，他先拿出3张卡片摆在桌子上，然后按照这3张的规律又准备拿出3张卡片，可是莫尔卖了个关子，他只摆出后3张卡片中的2张，要求伙伴们在剩下的4张卡片中，选出一张合适的摆在第三个位置。当然，你得参考前面3张的规律哦！现在可以

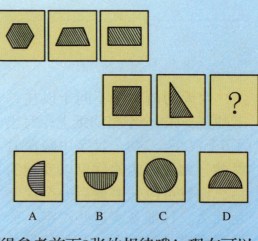

开始找了，看看你能找对吗？

073. 送快递

威廉斯是一家快递公司的快递人员，他每天要穿梭于许多个小区之间，为每家每户发送快递。一个星期六的上午，威廉斯接到了分派任务，他要前往10个小区送邮件，小区的分布位置如右图。如果他从1小区出发，要经过其他9个小区，再回到出发点，最短的路线是怎样的呢？你来帮他画一下路线图吧。

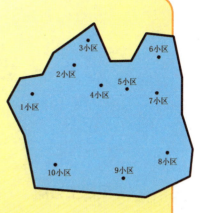

074. 礼品水果

水果店里今天很忙，老板请了一位伙计来帮忙，老板给了伙计100个苹果，要求这个伙计将苹果分别装在6个大小不一的水果篮子里，为了听起来吉利，老板要求每个篮子所装的苹果个数都要含有数字6，这个伙计思考片刻便动手开始分装了。你知道怎么分配吗？

075. 石头、剪子、布

吉姆和亨特一起玩石头、剪子、布的游戏，可是他们玩了几次，总是打平手，分不出胜负。亨特是个性子急的人，他想要赢了吉姆，总这样平手真是没意思。于是他说："我看我们还是再找个人和我们一起玩吧，这样就不会出现这么多次平手了，我们也就能很快分出胜负了。"你觉得亨特这个想法对吗？他能够如愿以偿吗？

参考答案

五彩生活篇

001.不同的职业和爱好 根据②，可知贝拉的爱好是画画，她是画家，再根据①③，可知贝拉的职业是教师。根据④，可知简的爱好是摄影，她是摄影家，而朵西的爱好就是写作，她是作家。根据⑤，可知简的职业是节目主持人，而朵西的职业则是记者。

所以三人的职业和爱好为：贝拉，教师和画画；朵西，记者和写作；简，节目主持人和摄影。

002.诚实的孩子 杰夫对汤姆说："波特说，他明天中午要来找你玩。"这样，即使波特不按时赴约，说谎的也是波特，而不是杰夫。

003.拿多少次 至少9次。按最坏的情况计算，艾里每次拿出的玻璃球颜色都不一样，那么到第5次肯定会出现两个颜色一致的玻璃球，到第8次会出现四种颜色的玻璃球各有两个，所以到第9次，无论拿出的是什么颜色的玻璃球，都会出现三个玻璃球同一颜色的情况。

004.握手的先生 握了3次。因为A握了5次手，说明他跟其余5人B、C、D、E、F都握了手。而E握了一次，说明

他只跟A握了手，不可能再和其他人握手了。B握了4次手，这4次除了与A握的一次外，另3次一定是跟C、D、F握的。如此，D已握了两次手，也不可能再和别人握手了。而C握了3次手，除了两次是和A、B握的外，剩下的一次一定是和F握的。所以，综上所述，F一共握了3次手。

005.猜硬币 因为只有三枚硬币，其中两枚还是同样的，如果其中一个人口袋里放的是1美分硬币，那么他摸到后很快就会知道对方口袋里的是1美元硬币。但两个人摸到硬币后都没有说话，说明他们的口袋里都是1美元硬币，从而不确定对方口袋里的是1美元还是1美分。

小儿子正是知道自己无法确定，同时从哥哥的表现中得知哥哥和自己一样无法确定，所以他就知道哥哥口袋中一定是1美元硬币了。

006.蝴蝶在哪里 因为安娜说的那两页是一页书的正反两面，根本夹不住蝴蝶。所以，玛丽知道她撒谎了。

007.谁喜欢游泳 喜欢游泳的人是爱丽丝。根据①，爱丽丝左手旁坐的是喜欢滑冰的人。根据②，可得出两种假设，一种是爱丽丝喜欢网球，坐在她对面的是布莱恩，但这样一来与③矛盾，

所以此假设不成立。另一种假设是爱丽丝左手边喜欢滑冰的人是布莱恩，坐在他对面是一位喜欢网球的人，因为前一种被否定，所以此假设成立。根据④，可得知丹妮坐在布莱恩的对面，她是喜欢网球的人，而戴维坐在爱丽丝的对面，他是喜欢棒球的人。最后，得出爱丽丝是喜欢游泳的人，他们的坐法如下图：

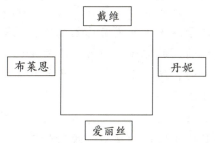

008.露营 根据①，如果甲在第一天做饭，那么己应该在第五天做饭，与④矛盾。所以，甲应该不在第一天做饭。根据③④，可先假定两个"如果"成立，那么甲在第三天做饭，乙在第二天做饭，戊在第五天做饭。如果上述情况成立，那么⑤就是不可能的了。根据⑥，也先假定"如果"成立，那么己在第六天做饭，丁在第四天做饭，剩下的丙在第一天做饭。这个结果与所有条件都是不相悖的，所以成立。6人做饭的顺序为：丙、乙、甲、丁、戊、己。

009.善良的人 丙是善良的人。

每个人都有3个优点，由①②可推知，甲具有的优点是：幽默、英俊、沉稳，幽默、英俊、善良，英俊、善良、沉稳，善良、沉稳、聪明4种可能。由①③可推知，乙具有的优点是幽默、聪明、英俊，聪明、英俊、沉稳，聪明、英俊、善良，英俊、善良、沉稳4种可

能。由①④可推知，丙具有的优点是：英俊、沉稳、善良，英俊、沉稳、聪明，沉稳、善良、聪明，善良、幽默、聪明4种可能。如果甲具有善良的特点，那么会出现甲、乙、丙三人都具有沉稳这一优点的情况，所以此假设不成立。如果乙具有善良的特点，那么会出现甲、乙、丙三人都具有英俊或沉稳这一特点或只有一个人具有沉稳特点的情况，这与题意不符，所以也不成立。那么只有丙具有善良的特点，不会与出现题意相悖的情况。

010.亲戚关系 ①是A说的。②是D说的。③是C说的。④是E说的。

这五人的关系为：A和B是夫妻，C是A的弟弟，D是B的妹妹，E是A和B的儿子。

011.一家人的晚餐 从奶奶的右边开始，依次是爷爷、妈妈、儿子、爸爸、女儿。

012.足球赛冠军 先假设亚尔曼的看法正确，冠军不是美国队就是德国队，或者是西班牙队。这样的话，不能否定鲍里斯的看法，所以亚尔曼的评论是错误的，因此冠军不是美国队或者德国队。如果冠军是巴西队的话，亚尔曼的评论就是错误的，鲍里斯的评论也是错误的，而安德鲁的评论就是正确的，这符合题意。假设英国队是冠军，那么安德鲁就说对了，同时鲍里斯也说对了，而这与"只有一个人的看法是对的"相矛盾。同理，假设法国队夺冠，那会出现三个人全错的情况，也与题意相悖。所以，是巴西队获得了冠军。

013.玛丽的生日 玛丽的生日是12

月31日。凯瑟琳是在1月1日安慰她的。

014.花瓶碎了 是吉姆打碎的。首先波特和安迪中一定有一个在说谎。假设波特没说谎，那么这件事是安迪干的，而吉姆说的话也同样正确。因为只有一个小孩说了实话，所以波特说谎了。也就是说，这四个孩子中，只有安迪说了实话。由此可知，是吉姆干的。

015.谁的年龄最大 马克和哈里特是队友，路易斯和汉斯是队友。其中年龄最大的是汉斯。由①③得知，马克的队友不是汉斯，应该是哈里特或路易斯。如果是路易斯，那么②③和①并存，是相矛盾的，那么马克的队友只能是哈里特，而路易斯和汉斯是队友。根据③和②，可知路易斯与马克、哈里特三人的排序从小到大为哈里特、马克、路易斯。根据④，可知汉斯比路易斯年龄更大，排在最后。如果他比路易斯小的话，那么他和马克的年龄差不会大于哈里特和路易斯的年龄差，所以是不成立的。

016.新婚夫妇 新娘站在从左数第五个位置。

017.偷吃食品的孩子 老三在说谎，老大和老二各偷吃了一部分食品，说谎和偷吃食品的不是同一个人。

018.三对夫妇 顶层：汤姆·尤斯曼和露西·尤斯曼夫妇；五层：约翰·亚当和莉莉·亚当夫妇；四层：维尼·史密斯和玛丽·史密斯夫妇。

019.三姐妹 珍妮买的零食；玛莎买的洗发水；薇薇安买的纸。

020.鞋子的颜色 假设黛安娜的鞋子是黑色的，那么3种看法都是正确的，不符合题意；假设是黄色的，前两种看法是正确的，第三种看法是错误的；假设是红色的，那么3句话都是错误的。因此，黛安娜的鞋子是黄色的。

021.圣诞节袜子 海伦、露西、莉莉床头挂的分别是长袜、短袜、短袜。因为短袜子只有两双，从海伦的话中可以推知露西和莉莉的袜子组合可能是长和短，或短和短。但露西看了其他两人的袜子后说不知道自己的袜子，说明她看到莉莉的袜子是短的，而海伦的袜子是长的，从而无法判断自己的袜子是长是短。而莉莉起初也无法判断，也是因为看到露西的是短的，海伦的是长的。而在听了露西的话后，她就知道自己的袜子一定是短的了。

022.花的摆放 花的摆放顺序依次是：紫、蓝、白、绿、红、黄色花。

023.乒乓球冠军 冠军是丙。

如果普丽猜的是对的，那么其他三人要么猜的都是对的，要么就出现麦迪和汉瑞森都猜错的情况，这都不符合题意。所以，普丽猜的应该是错的，其他三人猜的都是对的。根据三人的话，可知真正得冠军的人是丙。

024.买玩具 是贝克只买了坦克玩具。

025.星期几 综上所述，只有周日没被他们提到。所以今天是周日，贝克说对了。

026.酸奶 古特拿到的是柠檬味的酸奶，多伊格拿到的是草莓味的酸奶，迪南拿到的是橙子味的酸奶。

027.发卡 妹妹伊丝。因为她会看到自己手里的是黄发卡，剩下的两个都是红的，所以她很容易就知道姐姐和妈妈手里的必定都是红色发卡。

028. 不真不假的话 这位仆人说："我将被主人罚二十个金币。"如果这句话是真的，按规定他将被罚10个金币；但他说的是罚二十个，这就不是真话了。如果是假话，按规定他将被罚二十个金币，而他说的就是罚二十个，这又不是假话了。所以，他说的话是一句不真不假的话。

029. 老人与卡子 六位老人都没有猜到，说明6位老人看到的金、银两色卡子一样多，由对称性，中间的麦克头上是金色的卡子，麦克就是这样推知的。

030. 数字卡 多尔塔数字卡上的数字是8，卡斯基数字卡上的数字是7，卢比数字卡上的数字是6。

031. 输的原因 杰克要多上下一层。大厅就在大楼的一层，小女儿只用再上下3层就行了，儿杰克却要上下4层。因此，杰克输了。

032. 正确的选择 罗博特问的是："如果我问另一个人哪道门是活门，他会怎么回答我？"不管回答是哪道门，只要走相反的那道门就绝对没有问题。

033. 运动器材 是布朗昨天要足球，今天要篮球。根据条件①和②，如果博塔要的是足球，那么布朗要的就是篮球，卡索要的也是篮球。这种情况与③矛盾。因此，博塔要的只能是篮球。于是，根据条件②，卡索要的只能是足球。因此，只有布朗才能昨天要足球，今天要篮球。

034. 谁买了什么 奥布里买了围巾，贝格曼买了裤子，布拉格买了运动鞋。

035. "埃利"留学 因为埃利在法国接受的是法语训练的，听不懂夫人的英语，是理所当然的。

036. 会模仿的猴子 这是睁眼的动作。人紧闭两眼，猴子也两眼紧闭。可是，人什么时候睁开双眼，猴子不可能马上知道。

037. 令人迷惑的日期 星期一。由题干可以推出A国的人只有在星期日、星期一才那样说，而B国的人只有在星期一、星期二的时候那样说。因此这一天是星期一。

038. 叛徒 全部都要受罚。推理：显然第一个人不会选21或以上的数目；而如果1~19的任何数字，第二人只可能选18、19、20中的一个，第3、4人的选择只可能是1、2人所选数之一。如果选20，结果也应该是全部一样。所以，大家一起受罚，没人能幸免。

039. 谁并非有钱 艾玛没有钱。推理：如果娜塔莉有钱，那她也温柔。根据条件①、②，如果娜塔莉既没有钱也不学识渊博，那她也是温柔。因此，无论哪一种情况，娜塔莉总是温柔。

根据条件④，如果艾玛非常善良，那她也温柔；根据条件⑤，如果艾玛有钱，那她也温柔；根据条件①、②，如果艾玛既不富有也不善良，那她也是温柔。因此，无论哪一种情况，艾玛总是温柔。

根据条件①，费雯丽并非温柔，根据条件④，费雯丽并不善良，从而根据条件①、②，费雯丽既学识渊博又有钱。再根据条件①，娜塔莉和艾玛都非常善良。

根据条件②、③，娜塔莉并不学识渊博。从而根据条件①，艾玛很学识渊博。最后，根据条件①、②，娜塔莉应该很富有，而艾玛并非有钱。

040.蛋糕里的礼物　由水果蛋糕上的话可推出，两个蛋糕不可能都是彼德做得，即两个蛋糕上的话只能是全假或者一真一假。（1）假设两个蛋糕上的话全假，可推出礼物在奶油蛋糕里。（2）假设两个蛋糕上的话一真一假，也非常容易推出只能是水果蛋糕上的话真，而奶油蛋糕上的话假，所以礼物也在奶油蛋糕里。由（1）和（2）可推出：礼物在奶油蛋糕里。

041.裤子的价格　裤子的价格是40元。李女士买的上衣价格分别是30元、36元，合起来是66元。王女士买的是32元、38元、62元，合起来是132元，正是第一位顾客的两倍。因为她俩买的都是上衣，那么剩下的40元的那件衣服应该就是裤子。

042.她们来自哪里　李丽来自广东，是医生。

苏笑来自北京，是美容顾问。

王霞来自湖南，是画家。

推理：（1）王霞不是北京人→可能是湖南或者广东人。

（2）李丽不是湖南人→可能是北京或者广东人。

（3）李丽不是美容顾问→可能是医生或者画家。

（4）湖南的那位是画家→李丽只能是医生。

（5）李丽是一个医生→她不是北京人→她是广东人。

（6）李丽是广州人→王霞是湖南人→王霞是画家。

043.上街的时间　卢比是在星期二上街的。先说第一个地方，即宠物店，它周四和周五不营业，我们首先可以排除这两天。然后，可以排除周六，因为那天理发店休息。由于卢比回家时带的钱要比出去时带的钱多，所以他去银行取了钱。他是周四领工资，但是，接下来的两天都已经被排除了，因此，他可能是上周四领到的工资，说他是周二去街上的合乎道理，那时，银行正好营业。同时，理发店和宠物店都营业。

044.星期几之谜　那一天是星期四。不要着急，仔细想一想就可以得到答案。

045.问题在哪里　莫顿只是更换了车头的车牌，却没有更换车尾的车牌。

046.汉森的公主　蕾亚最符合条件。黛丝和肖维的文凭一样，说明这两个人不是高文凭。而肖维和蕾亚的文凭不一样，则蕾亚一定是高文凭。戴娅和黛丝长相差不多，她们有可能长得都漂亮，也有可能长得都不漂亮。而蕾亚是高文凭，则说明两人是不漂亮，唯一符合汉森条件的就是蕾亚了。

047.分比萨　你所要做的是把周长分成相等的3份。然后从中心按照一般切法把比萨切开。

048.判断　C是成立的。可以这样分析：小明和小华的话相互矛盾，其中必有一假。小东和小伟两人中也必有一真一假。如果小伟的话是真的，小东的话也一定是真，与题意明显不符。所以，小伟的话一定是假的，是小伟打碎的。这样，实际情况就是与小明说的话自相矛盾而与小华说的话一致。所以，在小明和小华中，小明说的是假话，小华说的是真话。

049.碟子与客人 60位客人。依题可知，12个人共用6个碟子、4份羹、3个水果碟子，就是说每12个人要用13个碟子。因为一共用了65个碟子，所以一共有5组人，每组12人，总数就是60人。

050.士兵与警犬 275个士兵和85条警犬。设士兵有X人，警犬有Y只。列算式：X＋Y=360，2X＋4Y=890。计算得X的值为275，Y的值为85。

051.骑摩托车 由①、②、④这3个条件可知受伤者只可能是肖恩或者汤姆，由②、③、⑤这3个条件可知受伤的人不是汤姆，所以受伤的人是肖恩。

052.开证明 布朗是周三下午去的A公司。

053.谁拿着火柴 推理可知，乔治说的是真话，火柴在麦克手里。

054.借钱 如果每个人按顺序还钱的话，要动用1000元，而简单的办法就是让马丁、汤姆和杰瑞各还大卫100元钱就能解决问题了，这样就只动用了300元。

055.女儿们的裙子 阿贝的裙子是粉红色的；苏菲的裙子是蓝色的；索拉的裙子是绿色的。

056.饮料 假如先买161瓶饮料，喝完后用瓶盖换40瓶饮料，然后再把40瓶饮料退掉，这样一算实际上只需买161－40=121瓶饮料。检验一下，他们先买121瓶，然后用其中120瓶的瓶子换30瓶，喝完后用28瓶换7瓶，再用7瓶加之前剩下的3个瓶子换2瓶余2个瓶子，喝完这新换的2瓶后加上剩余的2瓶正好又可换1瓶。121＋30＋7＋2＋1=161，所以至少要买121瓶。

057.四位舍友 福特在整理房间。

058.半价衣服 不可以。如果两件衣服是200元，一件是100元，付半价的话，应该是两件衣服要100元，但是马莉想要用50元来买两件衣服。

059.鸭子孵蛋 里约在撒谎，因为家鸭在经过长期的人工选育后，已经不会孵蛋了。现在，小鸭子都是由母鸡或人工孵化的。

060.破纪录的冠军 冠军的参赛号码是8712。

061.四位朋友 根据题意可知：安娜可能爱吃橙子和苹果。朱蒂可能爱吃橙子和荔枝。凯莉可能爱吃橙子和苹果。从安娜、朱蒂、凯莉3个人陈述中可知她们都不喜欢葡萄，所以只能是琳达喜欢葡萄。如果安娜不喜欢苹果，则琳达不喜欢葡萄，所以安娜喜欢苹果。因此橙子是凯莉喜欢的，荔枝是朱蒂喜欢的。

062.饰物的价格 项链54元，胸针45元，发卡4.5元。根据题意可知，发卡的价格不会超过10元，且项链和胸针的价格差数不会超过20元。根据"项链的价格数字的位置对调一下，就是胸针的价格"，可以知道发卡的价格不是一个整数。由项链和胸针的价格差数不超过20元，可以知道这个两位数的两个数字间隔不会超过2个，即项链的价格可能是31、34、35、42、43、45、46、53、54、56、57、64、65、67、68、75、76、78、79、86、87、89、97、98元。因为项链的价格比胸针大，所以，项链的价格只能是31、32、42、43、53、54、64、65、75、76、86、87、97元，根据题意的最后一部分，可以知道，只有54这个数符合条件。

063. 五个人的游戏 他们按顺时针的顺序A、B、E、D、C围成了一个圆。

064. 衣柜里的秘密 哈利先生的衣物在右边的衣柜里。

065. 取糖果 最多9次。糖果一共有8种，按最坏的情况估计，前8次每次拿出的糖果都不一样，那第9次拿出来的肯定会拿出一个与之前8个中的一个一样的糖果。

066. 糖果训练 有糖果的盒子只有一个。根据黄色盒子的提示，如果绿色盒子的提示是真的，那么有两个盒子里都有糖果，不合理。如果蓝色盒子的提示是真的，那么两个盒子里都没有糖果，所以莱克太太的儿子应该选黄色盒子，它里面有糖果。

067. 冠军 铅球冠军是裘德。跳远冠军是罗利，跳高冠军是维森，标枪冠军是切诺。假设裘德是对的，那么卢比、维森的话便是错的。但是这与前面的假设矛盾，所以裘德的话是错的。同理可知，罗利的话也是错误的。

068. 三辆赛车 1分钟后。据题意，1分钟后红色跑车跑了2圈，黄色跑车跑了3圈，绿色跑车跑了4圈，它们恰好都回到起点。

069. 会笑的花盆 花在冲着索菲亚笑，是指花面向着索菲亚。一般植物都具有向阳的特征，茎和叶子都面朝太阳方向生长的。而这盆花却面向室内开放，这就是一个问题。所以这个就是线索。

070. 谁是汤姆 汤姆就是坐在沙发上的穿红衣服的男子。因为其他人都没有卷发。

071. 箱子上的纸条 C箱子里有裤子。因为A箱子上写的话和D箱子上写的话是矛盾的，所以只有一个是真的，那么B箱子和C箱子上的话都是假的，所以能判断出，C箱子里有裤子。

072. 什么关系 ①是丁讲的；②是乙讲的；③是戊讲的；④是丙讲的。

乙和丙是两姐妹；甲是乙的丈夫；戊是甲的母亲；丁是丙的儿子或女儿。

073. 漂亮的发卡 第一个人戴的是红色的发卡。因为第五个人开始不知道自己头上发卡的颜色，这说明前面的4人中有人戴红色的发卡，否则，她马上可以知道自己戴的是红发卡了。第四个人知道5个人中有人戴红发卡，但判断不出自己发卡的颜色，这说明她看到前面的3个人中有人戴红发卡。依次类推，第二个人也不知道自己发卡的颜色，说明她前面的人戴红发卡。所以，第一个人可以判断出自己戴的是红发卡。

074. 如何问问题 这个人只要站在A与B任何一条路上，然后，对着其中的一个人问："如果我问他（甲、乙中的另外一个人）这条路通不通向P城，他会怎么回答？"如果甲与乙两个人都摇头的话，就选这条路走，如果都点头，就选另外一条。

075. 今天星期几 今天是星期四。根据题意首先可知，兄弟两个必定有一个人说真话。其次，如果两个人都说真话，那么今天就是星期日，但这是不可能的，因为如果是星期日，那么两个人都说真话，哥哥就说谎了。

假设哥哥说了真话，那么今天一定就是星期四，因为如果是星期四以前的任一天，他都得在今天再撒一次谎。如果今天是星期三，那么昨天就是星期二，他昨天确实撒谎了，但今天也撒谎了，与假设不符，所以不可能是星期一、二、三。由此类推，今天也不会是星期五以后的日子。

假设弟弟说了真话，弟弟是四五六说谎，那么先假设今天是星期一，昨天就是星期日，他说谎，与题设矛盾；今天星期二，昨天就是星期一，不合题意；用同样的方法可以去掉星期三的可能性。如果今天星期四，那么他今天就该撒谎了，他说昨天他撒谎，这是假话，符合题意。假设今天星期五，他原本应该撒谎但他却说真话，由"昨天我撒谎了"就知道不存在星期五、六、日的情况。

综上所述，两个结论都是星期四，所以今天是星期四。

缤纷校园篇

001.说话者是谁 说话的是一位女老师。因为总人数是16人，从①和④可推知，老师至少有9人，男后勤最多是6人。于是按照②，男老师肯定不到6人。按照③，女老师少于男老师，所以男老师肯定超过4人。据此推断，男老师的人数应该正好是5人。老师的人数不超过9人，所以应该正好是9人，包括5名男性和4名女性。于是，男后勤则不能少于6人，这样，必定有一位是女后勤，使得总数为6。

据此，如果把1名男后勤排除在外，则与②矛盾；如果把1名男老师排除在外，则与③矛盾；如果把1名女后勤排除

在外，则与④矛盾。所以，说话的人是一位女老师。

002.任课老师 根据已知条件，可分析得出以下列表：

	数学	语文	自然	体育	音乐	美术
张老师	×	√	√	×	×	×
王老师	√	×	×	×	×	√
赵老师	×	×	×	√	√	×

张老师教语文和自然；王老师教数学和美术；赵老师教体育和音乐。

003.五个学生 甲是文体委员，乙是中队长，丙是班长，丁是劳动委员，E是学习委员。根据①～⑥的条件，再利用排除法，我们可以得出下表：

	学习委员	文体委员	劳动委员	班长	中队长
甲	×⑤	√	×⑤	×②	×
乙		×	×④		√
丙	×①⑤	×④	×⑤		×③
丁	×①			×②	×⑥
戊		×⑥			×③⑥

由上表纵向来看，甲是文体委员，画上"√"，那么他就不是中队长了，在中队长处画"×"。那么中队长一定是乙。既然乙是中队长了，他就不是学习委员了。依次往下看，丙是班长，丁是劳动委员，而戊只能是学习委员了。

004.考分 甲、乙、丙、丁、戊五人的分数分别为96、98、95、94、97。由题意可知，乙是得分最高的，戊排第二。戊比丙只多得两分，而丙得分在甲和丁之间。假设甲得分比丁高，则甲肯定只比戊少一分，排第三，丙得分排第四。已知甲得分为96，那么戊得分应是97，丙得分就是95，而丁得分就是94，由丁的分数可得知乙的得分是98。这一

假设成立，与题意相符。则甲得分比丁低的情况就肯定不成立了，你可以自己推算一下。

005.考试卷子 卷子是露西的。首先曼菲和玛莎中有一个是对的，因为她俩的判断是矛盾的。如果曼菲说的是对的，那么玛莎说的就是错的，与题意中"只有一个人猜对了"冲突，因此曼菲说的是错的，这样，只有玛莎说的是正确的。所以，由其他人的话可知，卷子是露西的。

006.旅游

称谓	出发时间	回来时间
韩老师	3号	6号
张老师	4号	8号
刘老师	1号	5号
李老师	2号	7号

007.水是否污染 水没被污染，可以喝。因为前提是已知玛丽打了水，第一个问题就测试出玛丽没撒谎，从而推知第二个问题也没有撒谎。

008.补课老师 王老师补英语和语文；李老师补化学和数学；马老师补生物和物理。

009.背诵 考查4个命题，可以看出①③矛盾，二者必然一真一假。则②④为假，所以背得好的不是派克、布鲁姆、罗伯茨，只能是薇诺娜。①是正确的。

010.考试 艾玛说的话是正确的。命题1：艾玛100分；命题2：丽芙100分。则艾玛的推断为：如果1成立，那么2也成立。丽芙的推断为：1成立，但2不成立。可知，艾玛与丽芙的话相互矛盾，二人一个是真话，一个是假话。因此茉莉亚说的肯定是假话。朱莉娅说的是假话，则丽芙得了100分。丽芙得100分的话，则艾玛说的是真话。

011.五种水果 第一个柜子只有C一个小朋友猜是香蕉，所以肯定是对的。C猜第一个柜子是香蕉对了，那他猜第五个柜子是香瓜就错了；此外，只有E猜第五个柜子是苹果，所以这也是对的。因此，E猜中了第五个柜子的，他猜的第二个柜子一定是错的，而第二个柜子又不可能是苹果，只能是B猜对了，是桃子。这样，我们很容易推理出第三个柜子A猜对了，是鸭梨；第四个柜子D猜对了，是香瓜。

012.手表 手表价格是1986元。

假设手表原价格四位数字分别为A、B、C、D，则$ABCD + 4905 = DCBA$。最终计算出$ABCD = 1986$。

013.选奶茶 是安雅。

如果肖恩要巧克力味奶茶，安雅要香芋味奶茶的话就不符合题意了，所以肖恩要的是香芋味奶茶。于是罗丝要的只能是巧克力味奶茶。所以只有安雅昨天要巧克力味奶茶，今天要香芋味奶茶。

014.老师的年龄 老师不到24岁。

我们为了便于理解，用数学来分析推理，首先设老师的年龄为X，那么：

苏菲：$X = 26$，大卫：$X \geq 28$，约翰：$X < 30$，安娜：$X \geq 24$。

我们把它们表示在数轴上，很容易看出：当年龄在24岁及以上时，至少有两个人的话是猜对了；只有当年龄在24岁以内时，才只有约翰一人猜的是对的。所以答案是：老师的年龄不到24岁。

015.住宿的学生 甲站在阳台上；乙在看书；丙在写东西；丁在剪指甲。

根据题意知：

甲：写东西或者站在阳台上；

乙：写东西或者在看书；

丙：写东西或者站在阳台上；

丁：写东西或者在剪指甲。

由条件③可排除甲在写东西，那么甲站在阳台上；由以上条件排除丙没站在阳台上，那么他一定是在写东西，而丁一定在剪指甲，那么乙则一定在看书。

016.选手与奖次 阿奇尔是马尔县选手，他得的是三等奖。如果阿奇尔得的是一等奖，他不是马尔县选手，亚力士得二等奖，是马尔县选手与条件④相违背，排除这种情况。

如果阿奇尔得的是二等奖，他是鲁山镇选手，安东尼一定是水岭乡人，亚力士一定得的是一等奖，亚力士是马尔县选手，与条件③相悖，所以也排除这种情况。

所以阿奇尔是三等奖，安东尼是鲁山镇选手，得二等奖；亚力士是水岭乡选手，得一等奖。所以阿奇尔是马尔县选手，符合所有条件。

017.哪个影子大 学生乙是对的。因为两架飞机的高度只相差15米，且都距离地球较近，可以在地面上投下影子。而太阳离地球很远很远，太阳光几乎是平行的，光线照在两架飞机上，不存在近大远小的问题，所以产生的影子是一样大的。

018.遇冷的热铁丝 学生C的回答是对的。因为铁丝右端遇冷后，这根铁丝的电阻就变小了，电流会更大，所以左端会更热。一定不要忽略铁丝接在电路上这个情况。

019.紫色从哪里来 紫色是用红色颜料和蓝色颜料混合制得的。红、绿、蓝是三原色，用这3种颜色相互混合，可得到其他各种颜色。其中红色和蓝色混合，就可得到紫色。

020.不同的距离 这位学生说的完全有可能。如果仅用平面思维来考虑，自然认为这样说是不对的。但地球是个球体，一周大约是4万千米，而甲国和乙国相距2万千米，那么乙国正好在甲国的正对面（地球相反的一面），所以不管丙国在乙国的哪个方向，它距离甲国都比乙国距离甲国近。

如图所示：

021.有趣的天平

（1）手指浸入水盆里，水对指头产生浮力，水也就受到手指的部分重力，所以，浸入手指的这段水盆会加重，天平也就会向这一边倾斜了。

（2）天平仍保持平衡。因为即使飞虫飞起来，一定要靠扇动翅膀来支持体重，它向下压迫空气的反作用力仍通过空气作用在瓶子上，所以瓶子的重量不变。

（3）天平平衡。因为有空气的袋子虽然有大量空气的重量，但这些重量与袋子所受的空气浮力相抵消了，剩下的仍是一只空袋子的重量。

022.燃烧的冰糕 其实，老师事先在盘子上放了一层乙炔粉。乙炔是一种无色易燃物质，与水反应便生成另一种可燃气体。当冰糕融化，水便和乙炔发生反应，经点燃出现火苗。

023.水位升高的秘密　蜡烛熄灭，是因为耗尽了玻璃杯内的氧气。而玻璃杯中的氧气被消耗掉，杯中的压力就小于外界的大气压，所以玻璃缸中的水被压入了玻璃杯中。

024.能唱歌吗　人在举重时，肌肉拉紧，人会不由自主屏住呼吸，同时呼吸道中的咽软骨会闭塞气管。而气管闭塞，气流无法通过，人也就唱不出歌来了。

025.萝卜半球　当黛丝提起萝卜叶子的时候，瓷盘会跟着一起被提起来。这是因为萝卜压在空盘子上，因被用力按，内部的空气被挤压出去了一部分，这样萝卜内部的气压便低于外部的气压。内外气压不同，萝卜便牢牢地吸住瓷盘，并能把瓷盘提起来了。

026.两只白鼠　容器甲中的小白鼠会先死亡，因为白鼠呼吸需要氧气，但容器中的氧气被耗尽时，白鼠就会死亡。而容器乙中因为放了绿色植物，绿色植物会不断进行光合作用产生氧气，所以里面的小白鼠会有更多的氧气来呼吸。

027.谁写的作业题　如果躺着，将圆珠笔倒立起来写字的话，写上几个字笔油就不会出来了，也就写不成字了（不信你可以试一下）。老师据此判断作业根本就不是小乔森写的，他一定是找人代写，又怕被认出笔迹，故意让代写的人把字写得很潦草。

028.硬骨变软骨　骨头里面含有钙质，很坚硬，把骨头泡到白醋里，醋酸能溶解钙质，使骨头只剩下柔软的成分，所以，骨头很容易就被折断了。

029.煮鸡蛋　生石灰加水变成熟石灰时，能放出大量的热量，所以能把鸡蛋煮熟。

030.平衡木和水果　将两个木箱放在平衡木的一端。将水果放在另一端，平衡后，将一端的木箱换成水果，这样称出来的水果就是500克了。

031.左右问题　不一定。如果他们围成一圈的话，琼斯就会在查罗的左边。

032.飞行员与子弹　飞行员能抓到子弹。子弹受到空气的阻力，速度会降低，当子弹和飞机飞行的速度和方向相同时，子弹对于飞行员来说，就是静止不动的，或者是稍微在移动，所以飞行员抓住子弹是没有问题的。

警官判案篇

001.指纹的秘密　那个盗窃犯在指纹部分涂了透明的指甲油，故而没有留下指纹。

002.区别小偷　C说的是真话，A是偷集邮册的，B是偷漫画书的，C是偷钱的。分析：A说的第二句若是假话，则自相矛盾，所以应为真，所以A的话里有真有假。C的第三句为真，因为A说的话有真有假，所以C说的全是真话。而B说的也就都是假话了。

003.昏迷事件　苏菲在冰激凌里放入了干冰，干冰挥发后，形成了二氧化碳气体，导致了安娜窒息昏迷。

004.可怜的小狗 如果小狗是不小心掉下阳台的，阳台上不应该有血迹；有血迹说明小狗在坠楼前就已经受伤或死亡了。

005.认领孩子 1号是苏菲的孩子；2号是玛丽的孩子；3号是珍妮的孩子；4号是露西的孩子；5号是蔓莉的孩子；6号是艾薇儿的孩子。

006.谁是罪犯 根据假设性的排除法，可以推断犯罪的人是丙。

007.诬告 那一年阳历的7月20日是上弦月，晚上10点多是月亮已经西沉不会有月光。即使证人记错了时间，把作案时间推前，月亮还在西天，月光从西边照射过来，如果凶手面向西，相对在东边的证人是根本无法看到其面容；倘若作案者面向证人，月光照在作案人后脑勺上，证人依然无法看到其面容。

008.弗兰克断案 有经验的花匠都知道，夏天的中午不能给植物浇水，因为那时气温很高，植物要通过蒸发水来散热，而这时给植物浇水，植物的根部遇冷，影响对水分的吸收，会造成植物的死亡。所以，这个时候浇花的花匠是很值得怀疑的。

009.夜来香作证 稍微懂些植物常识的人都知道，夜来香是在傍晚至凌晨开放的。而到了中午，夜来香早已枯萎了，不可能还开得正盛。哈利说照片是他在案发时的中午拍的，显然是在撒谎。

010.案犯是谁 因为张师傅说了实话，因此杨小姐应该是做了伪证，所以进一步推出王先生和李女士都说了谎，从而可以判断甲、乙都是案犯。

011.口吃的被害者 泰迪在被人伤害前已对案犯的电话号码录了音，就是"33337777"。不过其他人都以为泰迪因为口吃只说了3和7，所以一时忽略了。

012.伪证 按照哈雷的说法，盗窃犯应该是昨晚3点左右行窃，但是当警官来的时候，案犯留下的啤酒还冒着泡，不合理。

013.绑架案 绑架犯是送牛奶的。因为门口只有一瓶过期的牛奶，说明他早已知道汤姆斯的祖母已经不在家里。而送报纸的人不知道，每天依然准时送来报纸，所以门口会有多份报纸。

014.窃贼是谁 是她下铺偷的。因为在火车停的时候，厕所门是锁着的，人无法进厕所。

015.办公室受伤 南松看到书柜隔板上的钉子被人动过手脚，正是钉子松动，导致隔板松动，才使切诺在拿书时，晃动书柜，从而被原本放得就不牢靠的字典掉下来砸伤。这是有人故意制造的假意外。

016.十字架项链 神父。因为安瑞平常接触最多的人里只有神父，神父和十字架有密切的关系，所以安瑞紧紧攥着十字架项链，暗示伤害她的人是神父。

017.第几现场 蟑螂是不生存在野外的。所以受害者是在室内被打伤后滞留，碰巧蟑螂钻进其衣服中的。

018.虚假报案 因为福特说他当时放着悠扬的音乐，警察拉开电闸后，音乐应该响起，但却一片安静。

019.威廉姆 因为威廉姆没有左臂，他是不会自己往左兜里放东西的，所以老板据此判断是有人故意嫁祸。

020.敲错门 因为这个楼层所有的

房间都是单人间，所以住客回房间一般是不会敲门的，所以那个男子一定不是走错门了。

021.遗嘱 外面有大风，而窗一直打开，燃烧着的蜡烛应该很快就被熄灭，可是桌上却有一大堆蜡油，这显然有问题。

022.建筑师查理 窗台上的花凋谢了，那应该能在窗台或地板上找到落下的花瓣，不可能只有空花枝，所以皮埃罗判断花瓣是有人清理现场时弄掉的，从而得知查理不是自然病死的。

023.追捕 第四个人。因为卡特想到嫌疑犯跑了很长一段路，一定气喘吁吁，而这5个人中，只有第四个人在大口大口地喘气，并试图用跑步取暖来掩饰。

024.假话 6月根本就没有31日，所以说斯蒂娜说了假话，她定与昂拉的失踪有关。

025.酒店失窃案 安拉自己说她不知道凯文住在哪里，警长也没告诉他凯文住的酒店。而她却直接去酒店拿来了口供记录，说明她之前说的都是谎言。

026.索菲娅的谎言 索菲娅给艾琳拿的是完整的没有融化痕迹的冰淇淋。如果真的是时常停电的话，那冰淇淋是不可能完整而没有融化的。

027.盲人钢琴师 顿库偷偷给米萨换了琴，因为米萨是盲人，他的键上刻有一定的标记，但新钢琴琴键是改造过的，所以米萨弹不出他心里所想的调子，他以为是自己琴艺下降了，必然要被解雇，所以就自己先离开了。

028.谎言 嫌疑人家在机场附近，如果他在家看电视，当飞机从空中飞过时，肯定会干扰电波，使电视画面上出现画面闪烁、波浪形之类的变化。但是嫌疑人说没有什么变化，说明他在撒谎。

029.谁打伤了莱斯夫人 案犯是卫斯理。因为当天全城的公交公司员工都在举行罢工，路上不可能有公交车正常运行。所以，卫斯理说他乘公交车外出，是在撒谎。

030.雪夜谜案 因为房屋外挂着冰柱，这一定是屋内有人生火，内外气温差异造成，这说明单身汉昨晚应该就在家里住的，而不是如他所说去了姐姐家。

031.老人与鸟 老人应是遭遇了不测。因为老人是一位特别爱鸟的人，如果他是自己离开家的话，临走前一定会把这些鸟安置好，而不会让它们继续留在笼子里等着饿死。

032.富翁的保姆 麦可说她亲手为苏珊小姐准备的奶茶，但纸杯上只有苏珊小姐的指纹，却没有麦可的指纹。这只能说明当时麦可是戴了手套。她戴着手套打伤了迈阿德先生后，故意伪造现场，想嫁祸给苏珊小姐。

033.夜里枪声 丙听到车库里有声音，证明乙的确在案发之前从车库往外走，并且被电线绊倒，扯出插座的电线。这就证明了乙说的是真话。可是乙既然被绊倒，扯出了电线，正在修车的甲就应该突然陷入黑暗之中。可是甲并没有说起他的电灯突然熄灭，这是因为那个时候他正在作案，不知道突发了这个情况。

034.逃跑的方向 罗尔是根据河岸左右两边的蛙声来判断罪犯逃跑方向的。因为正值夏夜，稻田里有蛙鸣叫。

如果没人惊扰，青蛙会一直叫。而罗尔蹲下身，仔细倾听，听到左边没有了蛙声，而右边蛙声依旧，说明罪犯逃向左方，惊动了田里的青蛙，才导致青蛙不叫的。

035.狡猾的飞行员　飞行员就是凶手。直升机在空中飞行时，风很大，如果舱门被打开，飞机内外的气压不同，风将会把舱内的东西往外吹，所以遗书不可能仍然还放在椅子上。据此，警察判断是飞行员把朋友推下机舱，然后关了舱门，再把遗书放在椅子上的。

036.窗户上的人影　因为书桌放在窗户的对面，瑞纳先生坐在书桌前看书时，他是背对着窗户的，身体在书桌和窗户之间，这样，在房间外面的人，是不可能看到有人影映到窗户上的。

037.计谋失算了　换气扇的作用在于把室内的污浊气体排放到室外，即使将扇叶倒过来装，扇叶的旋转角度还是相同的，照样还是把室内气体排出室外。要想把室外的气体吸入室内，只有改变换气扇的旋转方向才行。

038.消失的子弹　子弹是由冰或者盐制成的，在人体内会融化，不会留下痕迹，所以被害人身体里没有子弹。

039.撒谎的帕特　我们需要注意题干中讲的细节，才能发现破绽。题中讲了，其他几个女孩子卖报纸的时候，整个市区都在停电，帕特根本不可能用电吹风吹头发。所以，这说明她在撒谎，她只是想逃避劳动。

040.大丽花的背后　露娜的判断依据是大丽花具有背叛的寓意。女子手握大丽花，是想向人说明她是遭遇了背叛，所以符合第二种情形。

041.目击证人　划过小船的人都知道，船行驶的方向和人的面部方向正好是相反的。也就是说，如果朝着桥划来，他是背对着桥身的，根本不可能看到桥上的人。这说明此人在撒谎，故意混淆警察视听。

042.假证词　跳水运动员都会有一种职业病，那就是眼角膜会损伤得比较严重，视力较弱，即使戴眼镜视力也不可能得到较好的矫正。当时案发是在深夜，他是不可能在60米远的地方看到抢劫犯左眼处的刀疤的。所以，这说明他在撒谎。

043.警长断案　秋天落叶飘零，如果车子在树林中停放了很久的话，车顶上肯定会落满树叶，而不可能是一两片叶子，这只能说明车子停放在这里的时间不长。盗窃犯步行离开，地上落叶遍布，很容易留下痕迹，也不会走太远。

044.沙滩上的椰蟹　这只是作案者伪装的现场。因为大椰蟹是陆生寄居蟹，它们白天在洞穴内休息，是不会出来的，只有晚上才出来活动。而男子是在白天受伤的，所以肯定不是大椰蟹剪掉椰子造成的，而是受到他人谋害。

045.雪崩　警长发现录音机里装了一盘重音乐磁带，所以他推断一定是作案者将录音机带到易发生雪崩的山体上游，然后大声播放音乐，积雪因为受到较强的声波振动而发生雪崩，压死了处于积雪下方的那名队员。而事后，作案者又扔掉了录音机。

046.扇子　北方小镇，夏天天气热才会用到扇子。商人妻子失踪是在四月，天气并不热，夜里又下雨，根本不需要扇子，绑架犯不可能在作案时还特意带上根本就不需要的扇子。所以，定是有人嫁祸。

047.因电失火吗 如果是因电失火的话，那绝对不能用水灭，否则会连电，只能用可喷射二氧化碳或四氯化碳的灭火器来灭火。会计说是因电失火，又是用水来扑灭火灾的，显然是在说谎。

048.珍贵的瑞香花 瑞香是一种喜旱植物，生长需要的水比较少。罗尔太太对警察说，她天天都给瑞香浇水，显然是在撒谎。如果天天浇水的话，瑞香早就被淹死了，根本不可能像她说的那样开得更艳。

049.戒指不见了 嫌疑人是清洁地毯的小时工，他能用吸尘器把戒指吸出来。

050.嫌疑人的破绽 破绽就是鱼缸里的热带鱼还在游动。如果停电了，鱼缸里的水会变冷，鱼是一定不会活到天亮的。

051.谁是抢劫犯 警察分别把手表放在两个人的手上试戴了一下，看表带洞扣和痕迹，就能判断出谁是表的主人，谁是抢劫犯了。

052.间谍 警方判断无误。氨基比林药片是一种秘密传递信息的工具。这种药片溶于水后，可成为一种无色墨水，用牙签蘸着写在纸上，不会看见字迹。但用特殊方法处理后，字迹就会显露出来。

053.报案者 报案者就是盗贼，因为在停电的时候，屋子里漆黑一片，报案人怎么看见盗贼具体偷走了多少钱呢？而且在手电筒进入门缝时，报案人

如果迎着光线看，眼睛睁不开，是看不见什么的，所以他说看到盗贼的胡须是不可能的。

054.偷古币的小偷 小偷把古币粘在电风扇的叶片上，风扇转动时，警察不会发现古币。当风扇被关掉时，古币就自然找到了。

055.假象 如果男子是从树上掉下来摔伤的，那么他脚上的伤应该是横着的。即使赤脚上树用双脚夹住树干，导致受伤，伤痕也是横着的。但是死者脚上的伤是从脚趾到脚跟，伤痕又多又乱，所以可断定这是其他伤害造成的。应该是有人故意将他放到树下，制造假象。

056.月圆之夜 在北纬29度以北地区，可以看到月亮在夜空东升西落。小河是东西流向的，嫌疑犯说在南岸坐着，也就是面向北方。如果她面向北方，是不可能看到月亮在河中的倒影的。

057.毛玻璃的秘密 毛玻璃不光滑的一面只要加点水就能让它变得透明了，甲在自己的办公室若采用此法，可以清楚地看见乙的钱包放在哪里。而在右边办公室的毛玻璃一面是光滑的，不管丙用什么方法，都不可能看到乙办公室的情况。

058.捉小偷 目击者是小偷。他进诊所时，受伤的人已经换了干净衣服，他不应该那么肯定此人是背部受伤。案发时间又发生在晚上，一般看不清面目。所以一切只能说明，这个所谓的目击者在说谎。

059.说假话的警察 因为警察说他在水面上看见打他的那个人的身影，这是在撒谎。因为河面的水面是平的，在

警察的下面。警察能看到映在水面上的人只能是前面的人或着景物，不可能映出身后的人影的。

060.合同上的破绽 合同上的日期写法有破绽。因为富翁是英国人，合同是他签的话，那么日期的写法应该是13.2.2012，或者是13/2，而美国人的写法才是2/13。

061.海伦的谎言 因为海伦说的情况根本不可能发生。一般门比较厚，通过锁孔是不可能看到里面左右两边的影像的，所以，海伦的谎言被揭穿了。

062.窗上的雾气 因为天冷时，外冷内热，雾气都是在窗户里面结的，不可能结在窗户外面。邻居丙说他在外面擦掉窗户上的雾气，显然是在说谎。

063.帐篷里的草 嫌疑犯说自己在帐篷里住了几个月了，但是里面的草还是绿的，如果被帐篷覆盖了几个月，草早就枯萎了。

064.门铃 停电和门铃没有关系。别墅的门铃是用电池的，跟停不停电无关，如果电池没有耗完电，门铃是会响的。嫌疑犯没料到门铃用的是电池，借停电撒谎，露了马脚。

065.防盗玻璃 罪犯是制造商。因为防盗玻璃既然连子弹都打不碎，更别说是普通人能用其他东西轻易打碎这玻璃了。但是防盗虽然很硬，只要上面有一点裂痕，再向裂痕那里砸去，玻璃就会碎。知道这种常识的人，又能制造出这种漏洞的人只有制造商。

066.被困地下室 小个子警员个子小，则胳膊短、手也短，而高个子警员刚好相反，他们俩调换一下位置，由高

个子警员站在上面，就能够到窗户了。他逃出去，也就能把同伴救出去了。

067.列车上的意外 因为旅客提到开窗通风，风是迎面吹的，说明铺位是面对列车前进方向的。所以当列车急刹车的时候，铺位上的乘客只会因为惯性的作用而倒向墙板方向，而不会被甩出去。由此说明，这位旅客说自己是在列车上受的伤，那是撒谎。

068.罗美和牵牛花 案发时间是在上午九点前。因为牵牛花是在早晨盛开，过了9点之后就开始凋谢，而照片上有盛开的牵牛花，说明罗美就是在那个时段遭遇暗算的。

妙趣科学篇

001.能否安全过桥 不能。因为要抛起铁球，就必须给铁球一个作用力，同时铁球也会对人产生一个反作用力。这样桥所承受的重量就超过了一个人和一个铁球的重量。另外，铁球在下落时会产生重力加速度，在落到人手上的那一刻，其重量也超过了原有的重量。所以，这个办法不可行。

002.前进还是后退 向后移动。一般人会想到，向后拉下面的踏板，会使后轮转动，产生向前的摩擦力，那么理论上自行车会向前移动。但实际上，因为力臂的影响，后轮产生的向前摩擦力比踏板受到的向后的作用力小得多，所以车子是后退，而不是前进。

003.辨真假 公元前41年，那个时候既没有公元纪年这种方法，人们也不会制造瓷器。

004.影子哪里去了 这实际是一种巧合。从非洲南端到欧洲途中，正好要经过南回归线、赤道、北回归线。在这3条线上，每年会分别在冬至、春分、秋分、夏至这几天出现太阳直射的情况。布兰德正好在冬至这一天经过南回归线，春分这一天经过赤道、夏至这一天经过北回归线。因为受到太阳直射，所以看不到自己的影子。

005.哪个流得快 水池底部的出口水流更快些。因为水流出的速度跟出水口距离水面的深度有关，距离水面越深，水流出的速度越大，距离水面越浅，水流出的速度越小。因为底部出水口比侧壁出水口距离水面更深，所以这里的水流速度也就更大。

006.温泉和冷泉 温泉的可能性大。由题干得知，游客进入的是温泉，如果进入的是温泉1，那么其相连的是冷泉1；如果进入的是温泉2，那么相连的是温泉3；如果进入的是温泉3，那么相连的是温泉2；可见，这3种情况，只有一种可能是冷泉，两种可能是温泉。所以，温泉的可能性大，而且比冷泉的可能性大一倍。

007.狗和红布 因为狗是色盲，根本不能认出红色的布。可见，这个人撒谎。

008.古币赝品 公元纪年法是在耶稣诞生之后出现，而在古罗马凯撒大帝时期，人们还没有采用这种纪年方式，自然也就不会出现"公元前45年"这种写法了。

009.远近和大小 如原题中右图所示，使用镜子反射就可产生这种情况。

站在这排小球的末端，我们会看到镜子中离自己的球反而小，离自己远的球反而大。

010.青蛙和鸟 假的。因为鸟只能往斜上方飞。枯井是垂直的，而且又深，鸟落进井里，根本飞不出来。

011.元旦远航 两个人说的都有可能。地球是个球体，为了区分日期，人们在180度经线附近划定了一条国际日期变更线，凡是经过这条线的船只，日期都要变更。从广东开往美国的船只，一过了这条线就要少算一天。假如在之前过了一次元旦，过这条线后还能过一次。而从美国开往广东的船只，跨过此经线就得多算一天。假如恰在元旦到来之前跨过此线，所以就连一个元旦也过不了。

012.北极旅游 北极地区只有冬、夏两个季节。在夏季是白天，即极昼；在冬季是漫长的黑夜，即极夜。吹嘘的男子提到下雪，那说明当时北极处于冬天，冬天是根本见不到太阳的，也不可能有天气预报说有太阳出来。所以同伴知道他是在撒谎。

013.静止不动的铁球 完全有可能。所谓运动和静止都是相对而言的。如果这个人是在下落过程中把铁球放在胸前，人和铁球以相同的速度下落，那么在整个下落过程中，铁球相对于人而言，都是静止不动的。

014.树根和树梢 那位王子的办法是把木条放入池水中。因为木条虽然两头一样粗，但树根部分生长日久，密度肯定比树梢部分大，重量也就比树梢部分大。木条进水后，必然因为两头重量不同而倾斜，那么下沉的一头是树根，上浮的一头就是树梢了。

015.智捉毒虫 这位主妇取的是一个手电筒，一个杯子。虫子都有趋光性，她把杯子罩在墙壁缝隙处，再用手电筒照射缝隙，虫子见光，就会慢慢爬出来，爬进杯子。

016.水位的变化 这是因为空气压力所致。瑞克的大拇指堵住了U型管的一端，空气就无法从这端流入，而开口的另一端有空气流入，空气产生压力，把水面压了下去，从而阻止水面回升，产生了水位不平的现象。

017.载箱子的货船 船会慢慢离岸越来越远。因为船工在船尾不断向岸上抛箱子，人将受到方向相反的作用力，人又踩在船上，从而使船受力，逐渐远离岸边。

018.哪个汽艇快 乙汽艇更快。汽艇靠向后喷气的反作用力而前进，反作用力越大，汽艇越快，反之汽艇越慢。因为乙汽艇船后荡起的波浪夹角更小，说明汽艇尾部喷气的力量更大，汽艇的前进速度也就更快。

019.大力士 其实这个游戏很简单，因为每个人传递的力不能大于他自己的力气，否则他就顶不住了。当大家站在同一条线上时，每个人都推着前面的那个人，每个人都可获得反作用力来对付背后的推力从而撑住自己。因此，站在墙后的第一个人，只要顶住背后的那个人就可以。后面的人再多，都没有关系。

020.会移动的火 邦德事先在金属盒子里储存了磷化氢气体。这种气体味道难闻，一旦释放到空中，就会与空气中的氧发生反应，自燃起来。而人在旁边跑动的话，就会带动空气流动，产生风。磷火比较轻，便会跟着空气流动的方向一起飘动。甚至会出现人跑得快它就快，人跑得慢它就慢的现象，看起来就像追着人跑一样，让人害怕。

021.收音机的声音 学生甲说的对。塑料桶或纸盒具有一定的隔音作用，但仍能传递声音，所以收音机的声音会小一些。而收音机放进封闭的铁盒里，外界传来的电磁波会被铁金属屏蔽，收音机收不到信号，也就不能发出声音了。

022.瓶中的蜡烛 第三个瓶子里的长蜡烛先熄灭。因为瓶子是封闭的，蜡烛燃烧需要氧气，瓶中的氧气耗完了，蜡烛也就熄灭了。第三个瓶子里有两根蜡烛，氧气耗尽的速度更快，而燃烧会释放出二氧化碳，二氧化碳上移，浮在上空，从而会导致长蜡烛先因缺氧而熄灭。而第四个瓶子里的蜡烛会最后熄灭。因为蜡烛燃烧会使水受热，水中含有的一部分氧气会释放出来，从而延长蜡烛的燃烧时间。

023.铁棒和磁棒 随便拿起其中一根棒，然后用它的一端去碰触另一根棒的中间，如果能吸引另一根棒，则说明手中拿的这根棒是磁棒，磁棒具有吸引铁金属的性质。如果不吸引，则说明手中拿的这根是铁棒，铁棒本身没有磁力，而磁棒的中间也是有没磁力的，所以二者不会相吸。

024.哪个杯子重 两个杯子是一样

重的。因为冰块浮在水面上，重力等于所受的浮力，而浮力等于排开液体的重量。也就是说，冰块的重量等于排开水的重量，它的体积恰好是烧杯未放入冰块前，距离杯满的那部分容积。所以，冰块融化后，正好使烧杯水满而不会溢出来，天平也是不会发生变化的。

025.安全过桥　二人找了一个2米多长的棍子，先抬一桶油过河，又抬了另一桶油过河。因为小桥长2米，而木棍在2米以上，两人合抬一桶油，当前一个人踏上桥时，后一个人还在岸上；而当前一个人上了岸，后一个人才上桥，所以整个过程总是只有一个人踏在桥上。虽然一桶油重18千克，但两人共抬，每人分担了9千克，所以压在桥上的重量只有74千克，没有超过小桥的载重量，所以是安全的。

026.三只水杯　水杯丙中的水凉得最快，水杯乙次之，水杯甲最慢。因为铁、瓷、木三者相比，铁的传热性能最好，瓷次之，木头传热最慢，所以铁碟上水杯丙中的水凉得最快，而木碟上水杯甲中的水凉得最慢，瓷碟上水杯乙中的水凉的速度居于二者之间。

027.热水洗汗衫　吉布的衬衫会洗不干净。因为衬衫上都是汗水，汗水里有大量的无机盐、蛋白质和尿素等物质，若衬衫浸入热水，汗水中的蛋白质就会凝固，依附在衣服的纤维上，更不易洗掉，再经阳光照射后，就会变成黄色。这也是白衬衫经常会变黄的原因。正确的洗涤方法是，先用冷水浸泡带汗的衬衫，然后再加肥皂搓洗，才能将衬

衫洗干净。

028.小狗称体重　戴安娜可以先称称自己的体重，然后再把小狗抱起来，一起站到体重计上。这样得出的重量减去戴安娜单独称的重量，就是小狗的体重了。

029.阳光下的灰尘　每种物质反射光线的能力各不相同，我们的眼睛能看出某种物质，是因为这种物质比其他物质更亮或者更暗。在屋子里比较暗的地方，光线比较弱，灰尘反射光线的能力本身也比较弱，所以我们看不到灰尘。而在窗口光线强的地方，灰尘可反射的光线多了，所以就看到了。

030.摆动的小锁　过不一会儿，另一只小锁也会自动摆起来。这是因为第一个小锁摆动时，振动波引起了未受力的这个小锁的摆动，这就是物理学上的共振，即一个物体振动，可以引起另一个物体振动。

031.哪个球先落地　物体在下落过程中，受到自身重力影响，会产生重力加速度，下落速度会越来越快。如果两个物体的重量都足以克服空气的阻力而下落，那么不管它们哪个重，哪个轻，其下落速度是一样的，不会受到重量大小的影响。所以，最终会一起落地。

032.捏鸡蛋　鸡蛋被握在手里时，鸡蛋表面所受的力是相等的，前后左右上下正好抵消，所以无论用多大的力，鸡蛋都不会破。但只用两个手指的话，手指的接触面积小，压力集中在手指接触的蛋壳处，压强大，所以鸡蛋就很容易被捏破了。

033.鸡蛋上的军情　先用醋酸在蛋壳上写字，等干了之后，再煮熟，字就被蛋清吸收了，而蛋壳上没有任何痕迹。

034.身高与树高　记号的高度不会变。因为树的生长都是从顶部发生的，树梢具有分生组织，能不断产生新细胞，从而使本身不断长高。而树根部只能加粗，却不能长高。

035.埃菲尔铁塔之谜　因为埃菲尔铁塔是钢铁结构，会发生热胀冷缩现象，所以塔身会随着温度的变化而变化。白天的时候，铁塔各处受到的阳光照射的角度和强度都不同，各处的温度也就有了差别，因此膨胀的程度也不同，所以铁塔就出现了倾斜的现象。到了冬季，天气寒冷，铁塔收缩，所以就变矮了。

036.屏幕上的超人　不能拍下清晰的图像。因为电影屏幕上的画面与普通的实物、照片或画作不同，它是光在屏幕上形成的图像。如果在黑暗中打开闪光灯，对着屏幕拍照，那屏幕会变得特别亮，几乎显现不出什么影像，成为一块白色幕布，所以相机也就不会拍出令人满意的照片。

037.神枪手射鱼　因为光线折射的原因，当光线通过空气进入水中时，在水面上产生折射，使得物体偏离原来的方向，所以人在河岸上看到的水中物体的位置，并不是它的实际位置。而这个所谓的神枪手并不了解光线折射的原理，所以不能将鱼射中。

038.洗铝锅　因为铝锅是由铝制品做成的，长期暴露在空气中，铝会氧化，表面上形成一层氧化膜。这层氧化膜能防止铝进一步氧化，起保护作用，所以不用擦。

039.瓶底不湿　把瓶子倒着放进水中，瓶子中有空气，空气的压力大于水的压力，水就不会流进去。

040.雷电的距离　波比说的是对的。雷和闪电是同时发生的，但闪电的光传播速度很快，其传播时间可忽略不计，而雷的声音传播速度较慢，所以会较晚传到人耳中。当打闪时，波比看了秒表，知道是5秒钟后听到雷声，也就是说雷声传播了5秒，才到达人耳。声音在空气中的传播速度是340米/秒，$340 \times 5 = 1700$米，即是雷电距离波比和迪拉的距离。

041.算页码　前9页是每一页用一个数字铅字，共计9个；后面的90页每页用两个数字铅字，共计180个；再往后的900页每页用三个数字铅字，共计2700个。因此推出前999页要用9+180+2700=2889个铅字，但题中给出的铅字是2775个，说明全书页码还未到999页。从书的第100页算起，共用铅字2775−180−9=2586个。因每页用3个数字，所以$2586 \div 3 = 862$页，加上前面的99页，全书共有961页。

042.烧焦的电线杆　埋入地下的那一端烧焦后，木头表面上就有一层碳层，碳层能防止木头腐烂，更耐用一些。

043.晒太阳　不会晒黑。因为把人皮肤晒黑的紫外线，被玻璃隔离在外面了。

044.悬挂的苹果　因为安妮向苹果间吹气时，空隙间空气流动得快，压力就变得比苹果外侧的空气压力小，在外侧空气的挤压下，两个苹果就向中间聚拢了。

045.镜中数苹果 乙说的是对的，这个光的反射造成的。因为当两面镜子组成90度角时，两边的镜子会出现6个苹果，再加上原来的2个，看上去就像8个一样了。这是光的反射造成的，两面镜子成直角相交，已经反射的光线会被镜子再次反射，从而在镜中出现6个苹果，这都是虚像。

046.变弯的自来水 迈哈德会失败。水本来就是导体，碰到带电的塑料之后，就会把电子从塑料板上导走，所以试验不成功。而瑞德在试验中让塑料板靠近水流，没有碰到水，带电的塑料板靠近水流后，对不带电的水流产生了吸引力，水流就会弯向带电的塑料板，因此瑞德会成功。

047.恐怖的叫声 马里克没有听错。因为他在水中时，声音在水中的传播速度比在空气中的传播速度要快，所以海浪传来时，他先听到在水里传过来的声音。当他抬起头，耳朵离开了水面，又听到了在空气中传过来的声音，所以听到的是两声。朋友们都在船上，所以只听到一声由空气传导过来的海浪的声音。

048.倒水 约翰尼会赢。旋转瓶子时，瓶口处会形成旋涡，产生气流，帮助水快速往下流。

049.室内的画作 甲图是夏天画的，乙图是冬天画的。因为夏天12点时，太阳射进屋里的光线入射角度大，

光线在地板上的投影面积就会比较小。而冬天12点时，太阳射进屋里的光线入射角度小，光线在地板上的投影面积就会比较大，窗户的影子也就较长。比较甲、乙两幅画，甲的投影小，乙的投影大，所以甲画作于夏天，乙画作于冬天。

050.买伞 老人是通过手摸出来的。因为黑色物体吸收光线的能力强，当时正值中午，黑伞吸收了较多的太阳光，所以摸起来会热一些；而白伞吸收光线的能力弱，摸起来不会太热。根据两把伞的温度不同，老人做出了判断。

051.鸭子淹死的缘故 鸭子会游泳是因为羽毛有油脂，鸭子的尾部有尾脂腺，能分泌出油脂。鸭子常把油脂涂抹到全身的羽毛上面，防止羽毛被水浸湿，这样鸭子就不会被淹死。但是题中的鸭子全身很脏，油脂无法发挥防水的作用，所以羽毛很快被浸湿，鸭子就被水淹死了。

052.猴子爬绳 第二种观点对，砝码将以与猴子相同的速度上升，因为它们的重量相同，受力也相同。

053.区分生鸡蛋和熟鸡蛋 鸡蛋煮熟后，蛋白和蛋黄形成了一个整体，在旋转的时候就很容易转起来，转速较快；而生鸡蛋的蛋黄和蛋清是液体的，不易旋转起来，转动的速度很慢。

054.巧除水垢 水垢的主要成分是碳酸盐，食醋中的醋酸能溶解碳酸盐，产生反应，所以能清除掉水壶里的水垢。

055.爆炸的石头 石头被泼上热水后，外表迅速升温，比内部的更快膨胀，这样石头产生的强大张力，使石头

裂开。

056.失色的琥珀 因为丝绸和琥珀在一起会摩擦产生电，产生的静电把空气中的灰尘等小颗粒物质吸住，并使灰尘依附在琥珀首饰上面，这样琥珀看起来就像失色了一样，毫无美丽可言。

057.神奇的气球 姐姐拿着气球在毛衣上摩擦，气球带上了电，带电气球的负极与天花板的正极相互吸引。电子在天花板上运动，直到正负取得平衡。由于天花板不是特别好的导体，电子在干燥和温暖的室内能持续几个小时，所以气球不会掉下来。

058.一封信 杰米没有撒谎。因为杰米游泳的那个湖是死海，死海中的盐分很高，是一般海水的7倍，浮力很大。人在水中是不会下沉的，即使不会游泳的人也可以自由漂浮在水面上。死海比一般海平面要低390米，所以只要杰米下潜一点，就能到达海平面以下300多米了。而杰米说游完泳会皮肤粗糙，那是因为在含盐量高的死海水中浸泡过后的缘故。

059.冒烟的船 这种现象存在。当风向和风速与船的方向和速度相同时，船就处于无风的状态，这时烟就有可能是垂直的往上冒了。

060.分蛋糕 其实，简便的方法有很多种。在这里，只介绍一种方法：用太极图的画法，直接就能做到奶奶的要求。

061.吹气 杯中是石灰水，当生石灰遇到水会产生反应，生成熟石灰，也就是氢氧化钙。人体呼出的是二氧化碳，在第一次向杯子中吹气时，氢氧化钙和二氧化碳反应，生成不溶于水的碳酸钙，所以水变浑浊了。当再次吹气时，碳酸钙和二氧化碳反应生成了碳酸氢钙，碳酸氢钙能溶于水，所以杯中的液体又变成透明的了。

062.砝码与水位 水位会下降。因为砝码在木盘中时，它所得到的浮力等于它本身的重力；而它放入水中后，所得到的浮力小于它本身的重力。浮力越大，所排开的水的体积也就越大。也就是说，砝码在木盘中比在水中所排开的水的体积更大，所以，把它放入水后，水面会下降。

063.油车上的铁链 波特说的对。汽油是易燃易爆物品，汽车在开动时，油罐里的油不断晃动，汽油分子不断摩擦会产生许多电荷。而汽车轮胎是橡胶制品，不导电，无法使油罐中的电荷传入地下。而挂一根铁链，就可随时把产生的电荷传入地下，防止油罐车爆炸。

064.变色的花朵 硫黄燃烧后发出淡蓝色的火焰，产生二氧化硫气体，该气体具有漂白作用，能使有色的物质变成白色，所以红玫瑰会在其作用下变成了白色。

065.手指不见了 眼睛直着向前看时，能看到手指尖，因为右眼的视野能越过鼻子达到那里。如果瞳孔在视角里向左转，视野就会发生变化，射向手指的目光被鼻子挡住了，所以就看不见手指了。

066.蓝色的面粉 面粉变蓝是因为面粉中含有淀粉，淀粉遇到碘酒就会变成蓝色。

067.爱吹牛的尤兰达　塔基问他："拿什么来装这神奇的物质？"既然这种物质能把任何物质溶掉，那就不可能有装它的容器了，那它也就无法存在了。所以，吹牛的尤兰达无法回答。

068.聪明的艾达　艾达坐的船是摆渡船。渡轮的航程不长，每天定时从一个港口开往另一个港口，而远洋巨轮是不会每天定时停靠港口的。

069.黄豆芽变绿豆芽　植物中含有叶绿素、叶黄素、花青素等色素，什么色素占优势，植物就呈现相应的颜色。见不到太阳的豆芽体内叶黄素占优势，因此会呈现黄色，而在阳光下的豆芽，受到太阳的照射，产生大量的叶绿素，所有会变成绿色了。

070.划船　他们是在逆水中划船，当水的阻力很大时，船速就会慢下来；而水的阻力和他们划船的力相互抵消时，船就停了下来。

071.曼达与钥匙　拿不到。因为曼达寄回家的钥匙，到时候又会被邮递员投到信箱里，所以他的母亲还是拿不到钥匙。

072.制作饮料　小苏打溶解在水中，与柠檬酸发生反应，加上糖与香精，就生成了含有二氧化碳的碳酸饮料。当人体内排除二氧化碳时，会带走一些热量，给人凉爽的感觉。因为饮料的温度低，把它放入冰箱中，能溶解二氧化碳，人在喝碳酸饮料时，碳酸饮料能带走更多的热量，所以喝冰镇的饮料感觉很凉爽。

073.冻牛奶　温度高的那杯先冷。

热牛奶在急剧冷却时，温度差别很大，在冻结前的降温过程中，热牛奶的温度差会大于冷牛奶的温度差。因为表面的温度越高，散发的热量越多，因而温度就降得越快。

074.白烟与蜡烛　小苏打的主要成分是碳酸氢钠，和食醋里的醋酸产生反应，生成二氧化碳气体，二氧化碳的密度大于空气，当杯子向蜡烛倾斜时，二氧化碳就会流出。并且将蜡烛周围包围起来，空气中的氧气无法靠近蜡烛，火苗就会因氧气不足而熄灭了。

075.两个雪人　露比的做法不管用，反而会适得其反。因为土盖住雪人后，雪人的颜色变深，更容易吸收阳光的热量，所以会融化得更快。

076.灭火器的原理　苏打和食醋里的醋酸发生化学反应，生成二氧化碳气体，并伴随产生一些液体泡沫。较多的二氧化碳在盒子里的空间内形成足够的压力，顶开盒子的盖子，气体和液体形成的泡沫就会跑出来了。

077.黄豆和小米　黄豆之间有很多空隙，把小米倒进去，小米会进入这些空隙中，因此，把黄豆和小米合在一起，就不够两斗了。

078.挖酒　库曼是根据树的年轮来推断的。树的年轮就是树干上的圈，树一年多长一个圈，通过数树桩上的年轮圈数就能推算出酒坛埋在哪棵树下。

079.纸也能包住火　透明块状物是明矾，它的熔点高，难以燃烧。纸在明矾液中浸泡过后，就不易燃烧了。所以，当火棉燃烧时，大部分的热量散发了，剩下那些热量根本达不到泡过明矾液的纸张的燃点。

080.骗局　因为恐龙不可能被人追赶。在恐龙时代还没有人类，人类是在恐龙灭绝数千万年之后才出现的。

081.焕然一新的硬币　铜制的硬币会发黑，是因为硬币表面上的铜在空气中被氧化了，产生了黑色的氧化铜。醋中的醋酸和氨基酸可以和氧化铜发生反应，从而去掉氧化铜，让硬币焕然一新。

082.失踪的蝴蝶　海鸥都是逆风飞翔，靠着风的阻力才能起飞的。当里德看到海鸥起飞时，就知道海风是从窗子的方向吹向大海的，而不是从大海吹向窗户的。所以，即使有海风刮来，也只会把蝴蝶标本吹向屋子里，而不是吹向大海。所以，他断定仆人撒了谎。

083.冰上过河　在冰面上浇水。冬天温度低，在冰面浇水后，水会立刻结冰，这样冰层就变厚了。

084.鸡毛信　白纸上的字是用糖水写的，表面上看不出来，当把纸放在火焰上烤时，糖分会因受热而脱水，呈现黑色，这样就能看见纸上面的字了。

085.装饮料的水壶　热水壶长期使用，里面会产生水垢，含有碳酸钙、氢氧化镁等碱性物质，而酸梅汤是酸性物质，能和水垢产生反应，生成有害的物质，不利于人体健康。

086.寻找陆地　因为企鹅的潜水时间不长，它嗉囊里面的石头不可能是在海底衔起来的，所以肯定是它在陆地上吃的。

087.男孩与自行车　巴特是穿着溜冰鞋的，他脱下一只溜冰鞋，绑在了彼得大叔的自行车的前轮下面，这样即使自行车锁着，他也能照样把车骑得很远。

088.看见了几只信鸽　11只。因为他没出发时已经有信鸽在路上了。他刚出门，5天前出发的信鸽正好到达，加上路上5天共10只信鸽。当他到军部时又有一只信鸽出发，一共是11只。

089.寻找影像　贝利的答案是什么都看不见。因为屋子里到处都是镜子，并且没有缝隙，根本进不了光线，无法成像。

数学推理篇

001.多少人　30人。5÷(1-2/3)=15人，15÷1/2=30人。

002.交换水果　5个。因为一个柚子等于2根香蕉，4根香蕉等于2个苹果，也就是说2根香蕉等于1个苹果，即一个柚子等于1个苹果。因此，5个柚子可换得5个苹果。

003.爬山　8小时。据题意计算，上山时间4500÷1500=3小时，下山时间4500÷3000=1.5小时。所以爬山的总时间为上山时间加上下山时间再加上游玩时间，即3+1.5+3.5=8小时。

004.每包有多少水果　10个。每包拿出5个，6包就是30个，这时候剩下的总数是原来数量的一半，因此原来的水果数量就是30×2=60个，那每一包的水果数量就是：60÷6=10个。

005.餐具　36元。3个碗+4个盘子=43元，2个碗+5个盘子=45元，那么碗每个5元，盘子每个7元。威尔士买的碗和盘子各3个，因此他花了36元。

006.数字圆盘 30。数字的规律是：两个对顶角上数字相乘，乘积都是60。

007.卖电脑 5台。列算式：1450÷29÷10=5台。

008.填图形 缺少的图形分别为：五边形、八边形。

009.大小灯球 因为大灯球一共是360个，那么一共就有360盏灯。大灯球带两个小灯球的灯为：（360×4－1200）÷（4－2）=120个。大灯球带4个小灯球的灯为：360－120=240个。

010.链接的椭圆 1360。大椭圆里的数字乘上下面两个椭圆交会处的数字，再加上5，等于下一个大椭圆中的数字。

011.蛋糕 125元。每天吃7块，还可以剩下1块，每天吃6块，还可以剩下2块，因此蛋糕总共有50块。购买需要的钱就是：50×2.5=125元。

012.塑料管 594根。最后一层比最上面一层多（18－1）×2=34根，所以最上面一层是50－34=16根，再按照等差数列的求和公式计算出总数为：

（16+50）×18÷2=594根。

013.植树 48人。18－3=15（男生），一个男生和两个女生为一组，那么女生的数量是15×2=30人。所以，全班的人数：18+30=48人。

014.自助餐 瑟琳拿了7片，凯梅林拿了9片。假设瑟琳拿了X片，凯梅林拿了Y片，那么列算式得2+4=X－4+3=Y－3，于是计算出X=7，Y=9。

015.马虎的韦德 107。减数增加了40，被减数增加了2，那么差少了40－2=38，所以正确答案应该是69+38=107。

016.被切掉的正方形 210平方米。假设正方形被切掉1/2后面积还剩下X，那么，X－1/3X= 70，X=105，那么正方形原来的面积就是105×2=210平方米。

017.周末 布莱克说得对。星期四和星期五两天各24小时，加上星期三晚上11点到12点的这一小时就是49小时。

018.看书 20页。第一个星期每天看10页，第二个星期每天比前一天多看2页，则第二个星期的最后一天看10+2×7=24页，第18天刚好是第三个星期的第四天，那么第18天则看了24－（1×4）=20页。

019.零花钱 45美元。下半月花掉的零花钱是（35+33）×2－24=112美元，那么，二月份的零花钱总共是：112+35+33=180美元，所以他平均每星期的零花钱是180÷4=45美元。

020.台阶 390级。上学所走的台阶为13×（5－1）×2×2=208级；去阿姨家所走台阶为13×（5－2）×2=78级；买盐所走台阶为13×（5－1）×2=104级；共为208+78+104=390级。

021.绑在一起的绳子 0.25米。5×3－14=1米，5根绳子绑在一起总共4个结，那么绑成结的那几部分平均长1÷4=0.25米。

022.姐姐的年龄 17岁。

023.长方体的表面积 200平方分米。原来的宽是10分米，那么长按照15分米计算，长方体的表面积是（15×10+15×10+10×10）×2=800平方分米，1000－800=200平方分米。

024.火车票 273元。据题意列式得：$78 \times 2 + 78 \div 2 \times 3 = 273$元。

025.分橘子 86个。假设班上有X个同学，$4X + 6 = 6X - 34$，X=20，则买的橘子数量为$4 \times 20 + 6 = 86$个。

026.身高 最大孩子身高1.7米，第二个孩子的身高1.5米，最小孩子的身高1.3米。3个孩子总身高$1.5 \times 3 = 4.5$米。最大孩子身高+最小孩子身高=3.0米，第二个孩子身高+最小孩子身高=2.8米。解得最小孩子的身高是$3.0 + 2.8 - 4.5 = 1.3$米。第二个孩子身高$2.8 - 1.3 = 1.5$米，最大孩子身高$3.0 - 1.3 = 1.7$米。

027.数学题 7天。第三天做的题是$7 \times 3 + 1 = 22$道，那么第二天和第四天做的题总数是$22 + 7 - 3 = 26$道，他平均每天做题$(7 + 22 + 26) \div 4 = 55/4$道，剩下的题所需的时间就是$(150 - 55) \div 55/4 \approx 6.9$天，四舍五入计为7天。

028.花朵图案 75.56平方厘米。从正方形出发，在一边的中部先截取半个圆，每个角上向外拼接四分之三个圆就是花朵图案。整体来说，正方形被截取掉2个整圆，而拼接了3个整圆，所以最终是正方形面积再增加1个整圆的面积。圆的半径是2厘米，正方形的边长是8厘米。总面积得：$8 \times 8 + 2 \times 2 \times 3.14 = 76.56$平方厘米。

029.切掉角的正方体 14个面。

030.三角形 一共有44个三角形。

031.长方形面积 28平方厘米。假设原来长方形的长是X厘米，那么$X(X-3) + 80 = (X+5)(X-3+5)$，所以X=7。因此原来长方形的面积是$7 \times (7-3) = 28$平方厘米。

032.被分开的圆形 33或6。从7开始，每个数字对面的数字等于该数字乘以2再加上3。

033.有规律的数字 187、1213、27、10。

这些数字的规律是：

第一组：前面的数字乘以2加上5等于后一个数字；第二组：前面的数字乘以3加上4等于后一个数字；第三组：前面的数字乘以2减去15等于后一个数字；第四组：前面数字乘以3减去2等于后一个数字。

034.打折的东西 57美元。原价是$153 \div 0.85 = 180$美元。节省$180 - 153 = 27$美元，加上代金券省的钱一共是$27 + 30 = 57$美元。

035.几个图形的组合 A。其他几个组合中3个图形都是相互挨着的，而A项中的圆在三角形内部。

036.饮料 饮料总共有27瓶，够2个人喝4天余3瓶。假设每人每天喝X瓶饮料，那么$3 \times 3X = 4 \times 2X + 3$，X=3，饮料总共有$3 \times 3 \times 3 = 27$瓶，所以饮料够2个人喝4天余3瓶。

037.奇怪的图形 6。每个图形里面的数字都是指的该图形的边数。

038.咖啡厅相遇 假设他们第一次遇见的这天为1号，那么黛西再来的日子是8号、15号、22号、29号；而卡尔再来的日子为：4号、7号、10号、13号、16号、19号、22号，所以两个人会在第22天再见面。

039.大头儿子和小头爸爸 不可能有同时踏出左脚的情况。

小头爸爸：右、左；右、左；右、

左；右、左。

大头儿子：右、左、右；左、右、左；右、左、右；左、右、左。所以他们不会出现同时迈左脚的情况。

040.分水果　先把3个橙子各切一刀，平分成6份。再把剩下的2个橙子，各切成3块，也分成6份，即每块为橙子的三分之一。于是6个孩子每人都能得到一个半边的橙子和一个三分之一的橙子。

041.炸咸鱼　为了方便解题，我们给3条鱼编号：1、2、3。第一步：炸1号正面，2号正面（花费6分钟）；第二步：炸1号反面，3号正面（花费6分钟）；第三步：炸2号和3号反面（花费6分钟）。这样算起来，炸好3条鱼总共花费18分钟。

042.相遇的日期　根据已知条件，可知蒂娜和妮可去做义工的日子必定是以下两种情况：1.妮可第一次去的时间是蒂娜去的第二天。2.妮可第一次去的时间是蒂娜去的前6天。如果是情况1，则二人去做义工的时间将有2天是重合的，所以只能是情况2。若情况2属实的话，那么妮可去做义工的那个星期二一定是3月1日，否则，随后的那个星期一将是这个月的第二个星期一了。以此推断二人去做义工的日子分别为：妮可：1日、5日、9日、13日、17日、21日、25日、29日。蒂娜：7日、12日、17日、22日、27日。所以二人相遇的日期就是3月17日。

043.划船过河　先让两个小孩子过河，留下一个在对岸，另一个将船划回来。留下小孩，马尔叔叔过河。到对岸后，让已经在对岸的小孩将船划过去接另一个小孩，最后两个小孩也到了对岸。

044.三个抽屉　在1号抽屉里放一把3号抽屉的钥匙，2号抽屉里放一把1号抽屉的钥匙，3号抽屉里放一把2号抽屉的钥匙。剩下的钥匙每人一把，这样问题就解决了。

045.水和果汁　二者一样多。因为两个杯子里原来的水和果汁量一样多，各自取了10毫升调换之后总量仍一样多。水杯里取出的水被取自果汁杯里的果汁替代，而这一部分果汁是被倒入水代替了原来被取走的水，所以二者是一样多的。

046.钥匙扣　巴德原来拥有的钥匙扣个数为奇数。从成奇数的钥匙扣中取一半再加上另一半就是整数。巴德在将钥匙扣送给瑞希之后剩下了1个，所以，可得知他当时有3个钥匙扣，他送给了瑞希2个。同理可算出，巴德送给杰西之前有7个钥匙扣，送给杰西了4个。

047.小吃店　这是一串4个的食物，每一串卖1元。吃3个算1串，吃5个算2串，吃12个就是3串。

048.取卡片　共有4张卡片。A的数量为3。

049.卖醋的聪明老板　卖醋老板在大木桶装满醋，倒入小木桶，这样大木桶里就只剩下了2公斤醋，他又将小木桶里的醋倒入醋坛，然后将大木桶中的2公斤醋倒入小木桶。之后，在大木桶盛满醋，将小木桶倒满，大木桶剩下的醋刚好4公斤。

050.有趣的棋子　如图所示：

051.益智游戏 按下图中提示的方向和顺序进行移动，即可使箭头交错排列。

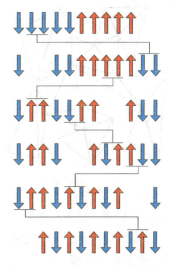

052.抽屉里的东西 只要拿出3个乒乓球就可以了。拖鞋的取法较为复杂，因为拖鞋不仅有颜色的差异，而且有左右之分。至少要取出11只拖鞋才能保证可以配成一双。

053.与众不同的圆 D。其他4图中的小圆与略大于它的圆相连的位置与方向一致，而D图则不同。

054.男生女生 把两个男生和两个女生当做一组，2009人总共可分为502组，最后余一人，排队列是男生在前面，所以最后一名是男生。

055.奇异的等式 左边的1、2、3……代表的是月份，后面的数字是天数，所以5等于31，即5月的天数为31天。

056.时钟的相遇 24次。

057.木棒游戏 可以拼出的汉字有：非、吕、呈、旱、旨、呆等。

058.三根铁丝 乔治妹妹用3根铁丝摆出了一个"π"，π=3.1415926……，这个数既大于3，又小于4。

059.取走苹果 掌握了规律，谁先拿谁就输，所以弟弟只要不先拿就会赢。如果每堆2个苹果，哥哥先从第一堆拿走一个，弟弟就拿完第二堆苹果，哥哥输；或者哥哥取完第一堆，弟弟就取完第二堆，结果还是哥哥输。同理类推即可。

060.抽样调查 10人。以100个妇女为基数，那么每100个妇女中：15个未婚，30个没有电脑，25个没有手机，20个没有孩子。有可能90个妇女各不相同，也就是说，已婚且有电脑、手机、孩子的妇女仅10人。

061.排座位 座位排列如图所示：

062.贪吃的山羊 一个大山羊和4个小山羊每天吃5篮子青草，作为一组，

100只山羊一共吃100篮子青草，那么就有20组吃5篮子青草的山羊，因此大山羊20只，小山羊80只。

063.如此循环　取了132次之后，箱子里只剩下了2张卡片，也就是说第132次取出1张卡片且还未放入1张卡片时，箱子里只剩下1张，因此在131次取完之后还剩2张，如此推算，其实箱子中只有2张卡片。

064.卡片上的数字　杰克先迅速数一遍1、2数字的卡片，如果是18张，说明3、4卡片可能缺少。第二遍可以数数字3的卡片，如果是9张，则判断数字4的卡片被抽走。如果第一遍数1、2卡片时不够18张，可判断抽取的那张是1或2，那么第二遍就可以数1卡片张数来确定。

065.烤肉串　用24块钱买24串烤肉，再用24根铁签换8串烤肉，将8根铁签中6根铁签拿出来换2串烤肉，之后用剩下的4根铁签换1串烤肉，最后剩下2根铁签，向别人借1根铁签，换取1串烤肉，吃完后将铁签还给别人。这样算下来可以吃到36串烤肉。

066.苔丝家的鸡蛋　只需要称一次就可以知道哪一堆是要孵化小鸡的鸡蛋。

从第一堆鸡蛋中拿出1个鸡蛋，第二堆鸡蛋中拿出2个鸡蛋，第三堆中拿出3个鸡蛋，第四堆中拿出4个鸡蛋，第五堆中拿出5个鸡蛋，第六堆中拿出6个鸡蛋，以此类推，直到从第10堆中拿出10个鸡蛋。算出这些鸡蛋的重量（按一般鸡蛋重量算），然后看秤盘上鸡蛋的实际重量。如果重了1克，则表示第一堆是孵化小鸡的鸡蛋；如果重了2克，则表

示第二堆是孵化小鸡的鸡蛋；如果重了3克，则是第三堆，以此类推。

067.苹果称重　苹果的重量由重到轻的顺序号为：4、2、1、3。

068.公园里的监控器　如图所示，只需要看直线部分，4台监视器就可以照到各个角落。

069.购物　已知：冰激凌＋圆珠笔=27，蚕豆＋饼干=14.5，冰激凌＋蚕豆=15.5，乳酪＋饼干=28.5。由此可计算出各食品的单价，答案有3种：（1）冰激凌：10.5美元，圆珠笔：16.5美元，蚕豆：5美元，饼干：9.5美元，乳酪：19美元。（2）冰激凌：12.5美元，圆珠笔：14.5美元，蚕豆：3美元，饼干：11.5美元，乳酪：17美元。（3）冰激凌：9.25美元，圆珠笔：17.75美元，蚕豆：6.25美元，饼干：8.25美元，乳酪：20.25美元。

所以第5个孩子买的东西是一包蚕豆和一罐乳酪，或者是冰激凌和饼干，或者是圆珠笔和蚕豆。

070.有趣的语文课　整。横向看，每一行的第1个字的笔画数乘上第2个字的笔画数等于第3个字的笔画数。

071.调酒的师傅　容积为20的杯子

不倒酒。其中容积为9、20、21的杯子用来倒鸡尾酒，容积为7、19的杯子用来倒葡萄酒。

072.哪一张卡片　D。前3张卡片中的阴影方向都一致，后3张的当然也应该一致。

073.送快递　路线如图所示：

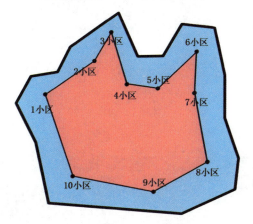

074.礼品水果　6个篮子所分装的苹果个数分别是：6、6、6、6、16、60。

075.石头、剪子、布　亨特的想法是不会实现的。两个人玩游戏的排列组合有9种，有1/3的机会是平手。而3个人玩剪刀、石头、布的组合则有27种，出现平手的情况是这样的：

石头、石头、石头；石头、布、剪刀；石头、剪刀、布。

剪刀、剪刀、剪刀；剪刀、石头、布；剪刀、布、石头。

布、布、布；布、剪刀、石头；布、石头、剪刀。

三人平手的机会仍然是1/3，所以概率和两个人玩是一样的。